**어쩌다 보니
살아남았습니다**

초판 1쇄 발행 2020년 2월 26일
초판 2쇄 발행 2020년 3월 19일

글 이마이즈미 다다아키 그림 사이토 아즈미 감수 황보연 옮긴이 이소담

펴낸이 이상순 주간 서인찬 편집장 박윤주 제작이사 이상광
기획편집 이주미 박월 김한솔 최은정 이세원 디자인 유영준 이민정
마케팅홍보 이병구 신희용 김경민 경영지원 고은정

펴낸곳 (주)도서출판 아름다운사람들
주소 (10881) 경기도 파주시 회동길 343
대표전화 (031) 8074-0082 팩스 (031) 955-1083
이메일 books777@naver.com 홈페이지 www.books114.net

ISBN 978-89-6513-580-7 73490

NAZEKA IKINOKOTTA HENNA DOBUTSU
Copyright ©TADAAKI IMAIZUMI, GENTOSHA 2019
Illustration ©AZUMI SAITO
Korean translation rights arranged with GENTOSHA INC.
through Japan UNI Agency, Inc., Tokyo and ERIC YANG AGENCY, Seoul.

이 책의 한국어판 저작권은 에릭양 에이전시를 통해 저작권사와 독점 계약한 도서출판 아름다운 사람들에 있습니다.
저작권법에 의하여 한국 내에서 보호를 받는 저작물이므로 무단전재와 복제를 금합니다.

이 도서의 국립중앙도서관 출판예정도서목록(CIP)은 서지정보유통지원시스템(http://seoji.nl.go.kr)과
국가자료종합목록구축시스템(http://kolis-net.nl.go.kr)에서 이용하실 수 있습니다. (CIP제어번호 : CIP2020005535)

파본은 구입하신 서점에서 교환해 드립니다.
이 책은 저작권법에 의하여 보호를 받는 저작물이므로 무단 전재와 복제를 금합니다.
kc마크는 이 제품이 공통안전기준에 적합하였음을 의미합니다.

지구에서 사라지면 절대로 안 될 101종의 이상한 동물도감

어쩌다 보니 살아남았습니다

⚠️ 취급주의
멸종하기 쉬우니
살살 다뤄
주세요

이마이즈미 다다아키 글
사이토 아즈미 그림
황보연 감수
이소담 옮김

아름다운사람들

시작하는 말

포유류는 지구상에서 가장 번성한 동물입니다.
대륙이 역동적으로 이동하며 지구가 크게 달라진 시대와
포유류가 서식지를 넓히고 진화한 시대는 일치한답니다.
대륙과 대륙이 부딪혀 산맥이 생기고 화산이 분화하기도 했죠.
바다의 흐름이 바뀌고 기후가 달라져
더워지기도 하고 추워지기도 했어요.
그러는 동안에 포유류는 진화하며
세계 곳곳으로 이동해 살 곳을 찾았어요.
동물이 어디에 사는지 나타낸 것이
동물만의 세계지도인 '동물지리구'입니다.
북극곰은 북극에만 살고 남극엔 없어요.
사슴은 아프리카에는 없죠.

신기하게도 동물마다 사는 곳이 정해져 있답니다.
왜 그런지 궁금증을 해결하는 학문이 동물학이에요.
특이한 곳에 사는 동물은 왠지 모르게 이상해요.
모습이 이상하고, 몸의 구조가 이상하고, 행동이 이상하죠……
서식지에서 살아남으려고 안간힘을 쓴 결과,
여러 가지 '이상한' 현상이 나타났습니다.
지금부터 동물지리구별로 나누어
그곳에서 살아남은 이상한 동물을 소개하겠습니다.
여전히 이유를 밝히지 못한 '이상함'도 있어서 아주 재미있죠.
여러분도 동물학자가 된 것처럼
'왜 그렇게 이상할까?' '그런 이유가 아닐까?' 하고
상상의 나래를 펼치며 함께 여행을 즐겨 봅시다.

이 책에 나오는 이상한 동물은
우리와 같은 포유류입니다.
포유류는 약 2억 2500만 년 전,
거대 공룡이 걸어 다니던 시절에 나타났어요.

🐾 포유류에게는 공통적인 특징이 세 가지 있어요.

3. 체온이 거의 일정하다.

보자보자, 어제랑 비슷하군

젖을 먹는 덕분에 새끼가 살아남을 확률이 커집니다. 털이 있어서 추위에 강하죠. 더우면 땀이 나서 시원해지고요. 체온이 거의 일정해서 기온에 영향을 받지 않아 살아남을 수 있어요. 지구가 강추위로 뒤덮인 빙하기에 거대 공룡들은 너무 추워서 죽고 말았어요. 포유류는 이 세 가지 특징 덕분에 살아남을 수 있었습니다.

지구 안의
거대한 땅덩어리는
약 3억 년에 걸쳐
떨어지고 붙기를
반복하며
지금 위치에
정착했습니다.

육지가 이어지면 동물이 오갔고
육지가 떨어지면 남겨졌죠.

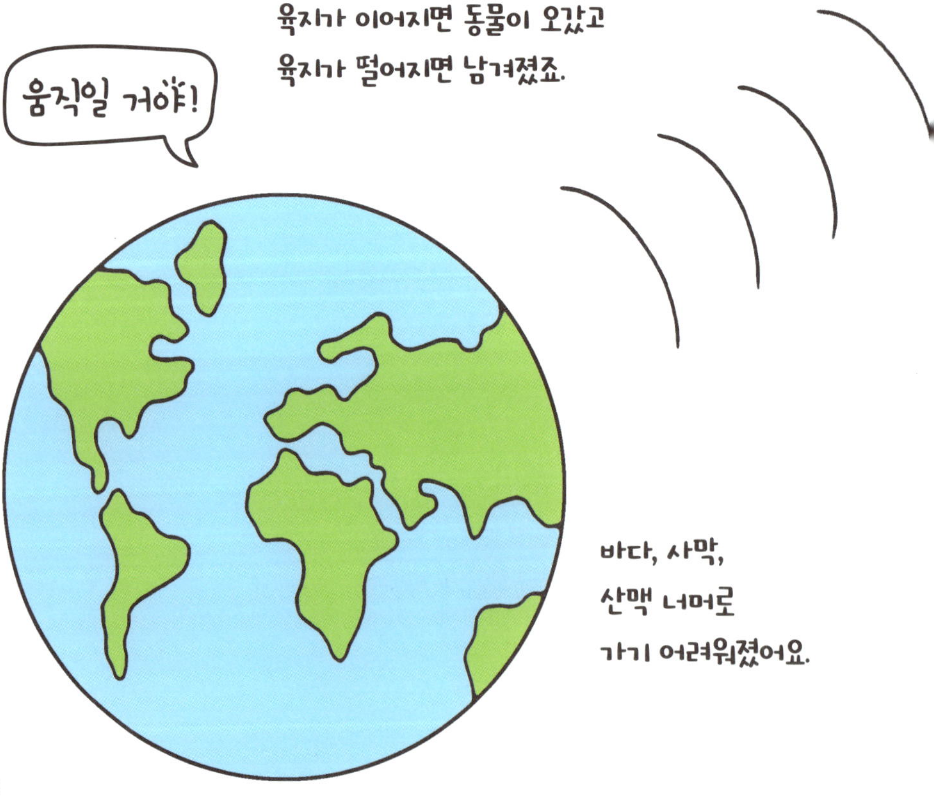

움직일 거야!

바다, 사막,
산맥 너머로
가기 어려워졌어요.

"동물에게는 그 너머로 이동하지 못하는 절대적인 경계선이 있다!"

이 사실을 처음 발견한 사람은 영국의 박물학자 월리스입니다. 19세기 중반, 말레이제도를 탐색하던 월리스는 섬마다 다른 생물이 산다는 것을 알았죠.

월리스

아프리카열대구와 신열대구,
동양구의 열대 지역 중
비가 많이 내리는 곳은
열대우림(숲)이 되었고,
비가 적게 내리는 곳은
열대초원이나
사막이 되었어요.

열대우림은 언제나 따뜻하고
물이 풍부해
다양한 식물이 자라는 곳이죠.

경쟁도 격렬하지만
오래된 종이
조용히 살아남을 기회도 있어요.
그래서 보기 드문 동물이 많습니다.

열대초원이나 사막은
메마르고 식물이 적으며,
물을 마시기도 쉽지 않죠.
이곳에서 사는
동물 역시 독특합니다.

오스트레일리아구는 초원도 있고 사막도 있고,
남쪽으로 가면 남극과 가까워서 추워요.
오래전에는 남극 대륙을 거쳐 남아메리카까지 이어졌어요.

포유류가 나타나고 얼마 지나지 않아
오스트레일리아구는 다른 대륙과 분리되었습니다.
이곳에는 배에 아기 주머니가 있는 오래된 포유류가 많아요.

살기 좋은 곳이라도 한 곳에 비슷한 동물이 살 순 없어요.
비슷할수록 싸움이 격렬해지니까요.
경쟁에서 쫓겨난 동물은 새로운 곳을 찾아 떠납니다.

이상함은 대단해!!

살아남기 위해 사는 방식을 바꿔야 하는 동물은 모습까지 달라져요.
그 결과 이상한 동물이 나타나죠.
이상한 덕분에 살아남을 수 있었어요.
수많은 이상함이 지구를 다양하게 만들었습니다.

시작하는 말 ··· 4
이 책을 보는 방법 ··· 27

(((유라시아 대륙)))
구북구의 이상한 동물

- 대왕판다는 고기보다 대나무를 더 좋아한다 ··································· 30
- 금빛원숭이는 코가 너무 시려워 ·· 31
- 눈표범은 설인의 정체?! ·· 32
- 티베트영양은 조심성이 많아 오히려 위험하다 ································ 33
- 쌍봉낙타는 물을 마시면 몸이 부푼다 ··· 34
- 아시아당나귀는 물도 함부로 마시지 않는다 ··································· 35
- 마눌들고양이는 바위에 숨느라 귀가 벌어졌다 ································ 36
- 사이가산양의 볼록한 코는 보온 가습기 ··· 37
- 수달은 썰매놀이를 한다 ·· 38
- 바이칼물범이 호수에서 사는 이유는 실수 때문 ······························ 39
- 울버린은 덫에 걸리면 다리를 찢어서라도 도망친다 ······················· 40
- 북극곰은 떠다니는 얼음이 없으면 죽는다 ·· 41

(((북아메리카 대륙)))
신북구의 이상한 동물

- 사향소의 엉덩이는 백만 불짜리 ·· 44
- 흰바위산양은 위험한 바위 덕분에 안전하다 ··································· 45
- 산비버는 터널 장인 ·· 46
- 캐나다산미치광이는 나무에서 떨어질 때가 있다 ···························· 47

- 비버는 손재주가 매우 뛰어나다 ··· 48
- 별코두더지는 터널을 잘 못 판다 ··· 49
- 가지뿔영양은 긴장하면 엉덩이에서 냄새가 난다 ················· 50
- 프레리도그는 키스를 너무 좋아한다 ··································· 51
- 보브캣이야, 스라소니야? ·· 52
- 붉은늑대는 이러지도 저러지도 못한다 ······························· 53
- 버지니아주머니쥐는 냄새를 풍기며 죽은 척하기가 특기 ···· 54

선생님, 알려 주세요! "살아 있는 화석이 뭐예요?" ············· 55

(((아프리카 대륙)))
아프리카열대구의 이상한 동물

- 페넥여우는 평생 물을 마시지 않는다 ································· 58
- 작은이집트뛰는쥐는 긴 수염이 지팡이 대신 ······················ 59
- 모래고양이는 귀여운데 뱀을 잡아먹는다 ··························· 60
- 땅돼지는 굴 파기 명수 ·· 61
- 피그미하마는 마음을 설레게 한다 ······································ 62
- 숲멧돼지는 정열에 져서 발견되었다 ··································· 63
- 맨드릴은 개가 오면 나무로 올라간다 ·································· 64
- 봉고는 만지면 색이 빠진다?! ··· 65
- 카메룬비늘꼬리청서는 날지 못한다 ···································· 66
- 오카피는 아프리카에 사는 유니콘? ····································· 67
- 천산갑은 개미로 목욕한다 ·· 68
- 리카온은 더위에 강한 만큼 집요하다 ································· 69
- 땅늑대는 고기를 먹지 않는다 ··· 70
- 점박이하이에나 암컷에게는 가짜 고추가 달렸다 ··············· 71
- 금빛허리코끼리땃쥐는 엉덩이로 싸운다 ···························· 72
- 벌거숭이뻐드렁니쥐는 공기가 없어도 살 수 있다 ············· 73
- 나무타기하이랙스는 나무에 달라붙는 게 특기 ·················· 74

- 황금두더지는 시도 때도 없이 움직인다 ……………………… 75
- 조릴라는 방귀로 사냥감을 독차지한다 ……………………… 76
- 포사는 멋있지 않은 퓨마 ……………………………………… 77
- 줄무늬텐렉은 털로 소리를 낸다 …………………………… 78
- 인드리원숭이의 이름 뜻은 저걸 봐?! ……………………… 79
- 아이아이는 손가락이 기묘한 원숭이 ……………………… 80
- 라텔의 사냥 파트너는 작은 새 ……………………………… 81

(((인도·동남아시아 일대)))
동양구의 이상한 동물

- 느림보곰은 시끄럽다 ………………………………………… 84
- 갠지스강돌고래는 정신을 차리고 보니 강에 있었다 …… 85
- 사올라는 신비로운 숲의 소녀 ……………………………… 86
- 수마트라코뿔소는 매머드 동생의 후예 …………………… 87
- 빈투롱은 숲의 닌자 …………………………………………… 88
- 날원숭이는 계속 날다 보니 망토가 생겼다 ……………… 89
- 붓꼬리나무두더지는 포유류 최초의 술꾼 ………………… 90
- 자바애기사슴은 툭하면 놀란다 …………………………… 91
- 코주부원숭이는 코가 인기의 기준이다 …………………… 92
- 베이살쾡이는 살쾡이 진화의 열쇠 ………………………… 93
- 안경원숭이는 밤에 두리번거린다 ………………………… 94
- 바비루사는 자기 송곳니에 얼굴을 찔린다 ……………… 95

우리와 가까운 곳에 사는 이상한 동물 …………………… 96

- 꼬마뒤쥐는 늘 배가 고프다 ………………………………… 98
- 너구리는 똥으로 이웃과 교제한다 ………………………… 99
- 아마미검은멧토끼는 고대 토끼의 후예 ………………… 100
- 이리오모테살쾡이는 원시 고양이의 후예 ……………… 101

(((남아메리카 대륙)))
신열대구의 이상한 동물

- 안경곰의 울음소리는 로로로로~ ······ 104
- 산악맥은 똥을 싸서 산에 꽃을 피운다 ······ 105
- 친칠라는 귀여워서 살아남았다 ······ 106
- 비쿠냐는 아빠가 되면 힘을 낸다 ······ 107
- 세띠아르마딜로는 위험하면 돌로 변신한다 ······ 108
- 두발가락나무늘보는 성미가 사납다 ······ 109
- 세발가락나무늘보는 죽어도 나무에서 내려오지 않는다 ······ 110
- 킨카주너구리는 술에 취하면 달라붙는다 ······ 111
- 대머리우아카리는 얼굴이 신호등 ······ 112
- 흰얼굴사키원숭이는 약간 어둡고 섬세하다 ······ 113
- 덤불개는 몸통이 길고 다리가 짧다 ······ 114
- 큰개미핥기는 온몸으로 흰개미와 싸운다 ······ 115
- 안데스여우는 두려운 게 없다 ······ 116
- 흡혈박쥐는 진짜 드라큘라 ······ 117
- 차코페커리는 동료를 버리지 않는다 ······ 118
- 아마존매너티는 예쁘지 않아서 다행 ······ 119
- 솔레노돈은 붙잡으면 시끄럽고 냄새난다 ······ 120
- 모니또 델 몬토는 첫 씨앗을 옮긴다 ······ 121

(((오스트레일리아 대륙)))
오스트레일리아구의 이상한 동물

- 가시두더지 엄마는 늘 힘을 준다 ······ 124
- 푸른눈빈집구스쿠스의 이름은 '냄새난다' ······ 125
- 긴귀반디쿠트의 적은 자기와 꼭 닮은 동물 ······ 126
- 코알라는 4시간만 깨어 있다 ······ 127
- 오리너구리는 주둥이를 잘릴 뻔했다 ······ 128

- 딩고는 요를레이~♪ 노래한다 ······ 129
- 흰띠쥐캥거루는 토끼와 사이가 좋다 ······ 130
- 꿀주머니쥐는 마치 곤충 같다 ······ 131
- 쿼카는 웃고 있지만 필사적이다 ······ 132
- 태즈메이니아데빌은 악마지만 새끼에게는 다정하다 ······ 133

바다의 이상한 동물

- 두건물범은 코로 초롱불을 만든다 ······ 136
- 바다코끼리는 송곳니 지팡이를 짚는다 ······ 137
- 큰바다사자는 바다의 갱 ······ 138
- 일각돌고래의 뿔은 너무 자란 송곳니 ······ 139
- 벨루가의 수다는 땡그랑땡그랑 ······ 140
- 하와이몽크물범은 느긋한 도련님 ······ 141
- 듀공은 육지에서 바다로 도망친 인어 ······ 142
- 귀신고래는 불쑥불쑥 고개를 내민다 ······ 143
- 남방코끼리물범은 나팔로 승부를 겨뤄 결혼한다 ······ 144
- 얼룩무늬물범은 기다리는 사냥꾼 ······ 145

좀 더 자세히 설명해 볼까! ······ 146

마치는 말 ······ 158
추천하는 말 ······ 160

색인 이 책에 등장한 동물들 ······ 162
한국어판 부록 가로세로 척척동물퍼즐 ······ 165

(((이 책을 보는 방법)))

1. 이상함 레벨
외모, 먹이, 분류학적 특이함, 새끼 생태, 특별한 기관이나 무기가 있는지에 따라 매긴 점수입니다.

2. 크기
성체의 몸길이(코끝부터 엉덩이 부분까지), 전체 길이(머리끝부터 발끝까지)를 알 수 있습니다.

3. 종과 분류
정식 이름과 분류입니다.

4. 비교
키가 160cm인 사람의 전신이나 손 모양과 비교했습니다.

5. 지리 구분
동물지리구 어디에 사는 동물인지 알 수 있습니다.

6. 생물권
사는 지역을 알 수 있습니다.

7. 코멘트
선생님의 코멘트. 이상한 동물의 신기하고 재미있는 이야기를 소개합니다.

 산악 • 평균 기온 10℃ 이하, 바위가 많은 높은 산. 여름에도 눈이 남아 있기도 합니다.

 온대림 • 사계절이 있는 숲. 봄에 새끼를 키우고 여름이면 새끼가 독립합니다. 가을에 나무 열매가 열리고 겨울에 눈이 내립니다.

 초원 • 온대 초원. 아시아의 스텝, 북아메리카의 프레리, 남아메리카의 팜파스입니다.

 아한대림 • 추위에 강한 소나무 숲이 쭉 펼쳐집니다. 솔방울이 열립니다.

 툰드라 • 평평하고 이끼나 지의류만 자라는 곳. 땅 아래는 얼었습니다.

 사바나 • 아프리카의 삼림과 사막 사이에 펼쳐진 메마른 초원. 볏과 식물이 자랍니다.

 사막 • 비가 거의 내리지 않는 곳. 낮과 여름에 기온이 높고, 식물은 바위 그늘에서 자랍니다.

 강, 호수, 물가 • 강이나 호수, 물가, 정기적으로 물에 뒤덮이는 낮은 땅(습지)입니다.

 열대림 • 기온이 20℃ 이상이고 비가 많이 내립니다. 잎이 무성하고 과일이 풍부하게 열리는 숲입니다.

 바다 • 바다에 사는 동물들이 머무는 곳(북극해, 남극해, 북태평양, 남태평양, 서태평양, 북대서양, 인도양)입니다.

대왕판다는 고기보다 대나무를 더 좋아한다

너무 귀엽잖아!
이상함
★★★★★

몸길이: 120~150cm

그냥 귀엽다 말고 환상적으로 귀엽다 해 줘요

헤헷♥

20세기 초, 유럽과 미국의 동물학자와 사냥꾼은 중국 깊은 산속에 사는 환상의 동물 대왕판다를 생포하려고 경쟁했다. 그런데 판다를 붙잡은 사람은 평범한 여성이었다. 탐험가 윌리엄 하크니스 주니어의 아내 루스였다.

남편 윌리엄은 판다를 찾던 도중에 목숨을 잃고 말았다. 슬퍼하던 루스는 ==경험이 없었지만 남편의 탐험을 이어 갔다.==

남편이 죽고 1년 후인 1936년, 루스는 수풀에서 울던 까맣고 하얀 공 같은 아기 판다를 발견했다. 품에 안으니 가슴에 코를 묻었다고 한다. =='스린(작고 귀여움)'이라는 이름을 얻은 판다는 살아서 바다를 건넌 제1호 판다가 되었다.==

고기를 물어뜯을 수 있는 이빨이 있는데 주식은 대나무예요. 앞발(손)에 돌기(6번 손가락)가 있어서 대나무를 잘 붙잡을 수 있죠.

금빛원숭이는 코가 너무 시려워

금빛원숭이 영장목 긴꼬리원숭잇과

긁적긁적

제 털 색이 끝내주긴 하죠 손오공이요…? 나보다 못생겼어

몸길이: 66~76cm

파 모든 금색 새끼는 은색
이상함
★★★

금빛원숭이는 보기 드문 황금색을 띤 원숭이로 '황금원숭이'라고도 불린다. 손오공의 모델이기도 하다. 원숭이는 대부분 열대 지역에 사는데 금빛원숭이는 일본원숭이처럼 추운 곳에 산다. 영어 이름은 '황금들창코원숭이'인데, 황금색의 털빛과 독특한 모양의 코를 가지고 있어서 붙여졌다.

그 이름대로 가장 큰 특징은 들창코다. 19세기 후반, 동물학자인 밀 에드발 교수는 그 코를 보고 오스만 궁정에 살던 러시아 여성 록셀라나의 초상화를 떠올렸다. 훗날 왕비 자리에 오른 록셀라나는 붉은 기 도는 금발에 들창코였다고 한다. 에드발 교수는 금빛원숭이에게 재미로 '록셀라나의 코 원숭이'라는 이름을 붙였다.

작은 코는 뜨거운 열대 지방에서 살았다는 증거죠. 금빛원숭이는 추운 산으로 쫓겨난 원숭이입니다. 이 코로는 찬바람이 쌩쌩 들어와 추웠을 거예요.

눈표범은 설인의 정체?!

통통

몸길이: 100~130cm

꼬리가 야구 배트 같아
이상함
★★★☆☆

눈의 표범이라는 이름에 어울리게 하얗고 아름다운 표범이다. ==배 부분에는 8~10cm의 긴 털이 나 있고, 평균 기온이 -10℃인 높은 산에서 산다.==

눈표범이 사는 지역에는 설인 전설이 있다. 예전에 한 방송국에서 설인을 찾고자 현지 바위 밭에 카메라를 설치했다. 다시 와서 살펴보니 카메라 삼각대는 쓰러졌고 카메라 스트랩은 찢어졌다. 영상은 남지 않았으나 대신에 커다란 배설물 덩어리가 있었다!

방송국 직원이 배설물을 감정해 달라고 해서 냄새를 맡아 보니, 고양잇과 동물의 달콤한 냄새가 났다. 눈표범의 배설물이었다. ==조심성 많은 눈표범이 설인의 정체일 가능성이 있다.==

 험준한 바위산에서도 야구 배트처럼 통통하고 긴 꼬리로 균형을 잡아요. 거리가 15m나 되는 절벽을 뛰어넘고 6m쯤은 수직 점프할 수 있어요.

티베트영양은 조심성이 많아 오히려 위험하다

티베트영양 우제목 솟과

출산 전에 구멍을 파
이상함
★★★

난 소중하다고

샤방 샤방 샤방

몸길이: 120~130cm

추운 티베트고원에서 사는 티베트 버전 산양이다. 겨울이면 수컷은 20마리의 암컷을 거느린다. 뿔로 싸워 이긴 수컷이 여러 암컷과 새끼를 낳는다. 새끼는 여름에 태어난다. 기린이나 가젤 같은 일반적인 초식 동물은 새끼를 낳을 때 땅바닥에 그대로 떨어뜨린다. 그런데 <mark>티베트영양은 조심성이 많아 발굽으로 구멍을 파고 그 안에 새끼를 낳아 숨긴다.</mark> 위험을 느끼면 꼬리를 세우고 고개를 낮게 숙인 채 달린다. <mark>도망치면서도 멈춰 서서 뒤를 돌아볼 정도로 조심성이 많다.</mark> 하지만 이 습성 때문에 밀렵꾼의 총에 맞는다.

한때 모피가 고급 숄의 재료로 팔렸어요. 1장을 만들려면 3마리의 모피가 필요했죠. 지금은 모피 거래가 엄격히 금지되었어요.

구북구의 이상한 동물

쌍봉낙타는 물을 마시면 몸이 부푼다

혹이 비상식량이라니
이상함
★★★★

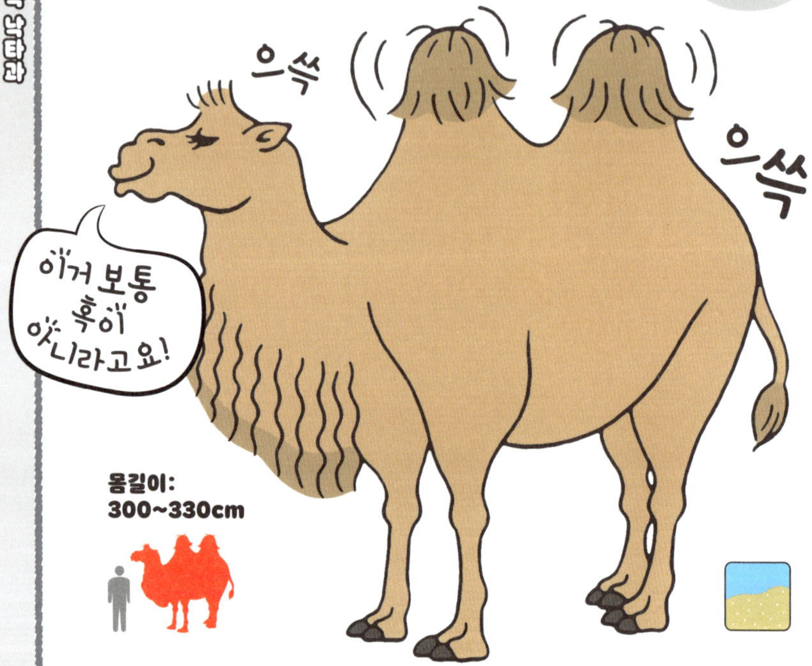

"이거 보통 혹이 아니라고요!"

으쓱 으쓱

몸길이: 300~330cm

인간의 몸은 70% 가까이 수분으로 이루어졌다. 몸무게의 10% 이상 수분을 잃으면 혈액이 탁해져 죽는다. 그런데 ==몸무게의 25%나 되는 수분을 잃어도 괜찮은 동물이 있다.== 사막에 사는 낙타다.

낙타는 수분을 잃으면 빼빼 말라 갈비뼈가 불룩 튀어나온다. 혈액이 아니라 몸 조직에 든 수분을 쓰기 때문이다. 그래서 물을 마시면 몸이 금방 부푼다. 마신 물이 위를 지나 몸 여기저기로 전해지는 것이다. ==물을 10분에 92L(우유 92팩)나 마셔 몸 여기저기에 저장해 둔다.==

혹에는 지방이 차 있어요. 열을 차단하는 효과가 있고 비상식량으로도 좋죠. 야생 낙타는 쌍봉낙타뿐이에요. 몇 백 마리만 남아 있답니다.

아시아당나귀는 함부로 마시지 않는다

몸길이: 약 210cm

저기… 기척… 좀…

아이고

깜짝이야!

겁이 왜 이리 많아
이상함
★★★

아시아당나귀는 겁이 많고 소심하다. 잘 때는 뿔뿔이 흩어져 덤불 속으로 들어간다. 무슨 일이 생기면 누구든 위험을 깨달을 테니 안전하다. 낮에는 가시 돋친 나뭇잎을 먹는데, 지평선에 무언가 보이면 경계 태세에 들어간다. 위험하다 싶으면 시속 70km로 맹렬하게 달린다. 천적인 회색늑대는 그 속도를 쫓아가지 못해 새끼나 늙은 당나귀만 노린다.

아시아당나귀는 물 냄새에 민감해 물가를 금방 찾는다. 단, 찾자마자 마시진 않는다. 가젤이라는 작은 솟과 동족이 물을 마실 때까지 멀리 떨어신 곳에서 지켜본다. 늑대를 조심하는 것이다. 가젤이 도망치지 않는 것을 확인한 후에 물을 마시러 간다.

말과 차이점은 꼬리예요. 끝에만 털로 뒤덮였죠. 말의 동족은 거의 멸종했거나 가축화되었어요. 아시아당나귀는 겁이 많은 덕분에 살아남았답니다.

마눌들고양이는 바위에 숨느라 귀가 벌어졌다

혼자 자는 동굴 이마는 동글
이상함
★★★★

뚱실 뚱실

나랑 숨바꼭질 할 사람?

몸길이: 50~65cm

마눌들고양이는 야생 고양이 중에서도 유독 독특하다. 눈동자가 다른 고양이처럼 가늘지 않고 동그랗다. 양쪽 귀 사이가 멀고 낮아 이마가 도드라진다. 털은 덥수룩하고 길다.

몸을 숨길 곳이 적은 사막이나 춥고 쌀쌀하며 풀이 자라지 않는 땅(스텝)에 산다. ==바위 그늘에 몸을 감추고 눈만 위로 내밀고서 우는토끼나 들쥐 같은 사냥감을 노리려면 이런 생김새가 알맞다.==

최근 연구로, 59만 년쯤 전에 등장해 아시아 남쪽 더운 지역에 살았던 삵이나 고기잡이삵의 조상과 가까운 종임을 알아냈다. 열대에서 쫓겨나 추운 스텝에서 살아남은 결과 모습이 달라졌다.

'환경이 생물의 모습을 정하고 먹이가 얼굴을 정한다.' 진화의 규칙 중 하나예요. 마눌들고양이가 전형적인 예시입니다.

사이가산양의 볼록한 코는 보온 가습기

몸길이: 108~146cm

코가 볼록 **이상함** ★★★

감기에 걸리면 큰일이잖아요

후우

툭툭 부은 듯한 코에 커다란 콧구멍, 둥글고 다정해 보이는 눈동자를 가진 사이가산양. '왕코산양'이라고 불리기도 한다. 커다란 코는 보온 가습기다. 사이가산양이 사는 초원은 건조하고 공기가 차갑다. 그래서 코에 공기를 모아 먼지를 제거하고 따뜻하게 한 후에 몸속으로 넣는 구조가 발달했다.

사이가산양은 향쑥이라는 풀을 좋아한다. 술(압생트)을 만들 때 쓰는 약초로, 사이가산양은 향쑥을 찾아 1000km 이상 이동한다. 평소에는 조깅하는 정도인 시속 5km로 다니는데, 놀라면 고개는 낮추고 코를 내밀고선 마구 뛴다. 이때는 시속 90km다. 큰 코가 하는 일이 참 많다.

 중앙아시아의 건조한 초원은 겨울에는 -30℃, 한여름에는 40℃나 되는 혹독한 환경이랍니다. 볼록한 코 없이는 돌아다니지도 못해요.

수달은 썰매놀이를 한다

미끄럼틀이 좋아
이상함
★★★

"이 구역 미끄럼틀 다 내꺼!"

몸길이: 57~70cm

수달은 강이나 호수에서 먹이를 잡거나 영역을 순찰한다. 가끔은 땅에서 뛰어다니고 놀기도 한다. 물에서 땅으로 나올 땐 먼저 수면에서 목을 쭉 빼 두리번거린다. 주변을 둘러보며 안전한지 살피는 것이다. 이어서 <mark>자벌레처럼 몸을 말았다가 펴면서 달린다.</mark> 둑에 도착하면 이번에는 배를 깔고 경사를 주르륵 미끄러져 내려간다. <mark>때로는 12~15m나 되는 긴 경사면을 미끄럼틀처럼 타면서 논다.</mark> 겨울에는 썰매를 타는 것처럼 눈이 쌓인 경사에서 미끄럼을 탄다.

야생 동물은 보통 쓸데없는 행동은 안 합니다. 놀이는 생존에 필요한 행동이 아니죠. 놀 줄 아는 동물은 지능이 높다고 해요. 수달도 지적인 생물입니다.

바이칼물범이 호수에서 사는 이유는 실수 때문

몸길이: 110~142cm

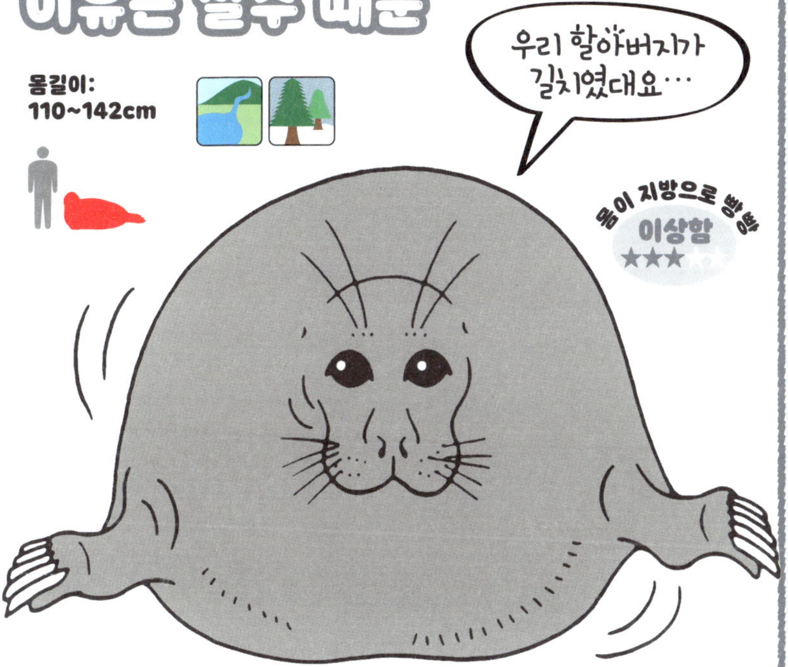

"우리 할아버지가 길치였대요…"

몸이 지방으로 뚱뚱
이상함
★★★

바이칼호수는 300줄기 이상의 강이 흘러드는 세계에서 가장 깊은 호수다. 그런데 호수에서 흘러 나가는 강은 안가라강뿐이다. 이 강은 예니세이강과 합류해 북극해로 흘러간다.

바이칼물범은 빙하 시대 때 이 호수에 살기 시작했다. <mark>조상은 북극해에 살았는데, 빙하기 때 남쪽으로 내려왔다가 실수로 예니세이강으로 들어와 호수에 정착했다.</mark> 다른 물범 동족은 바다에서 물고기를 잡아먹으며 살지만, 바이칼물범은 기후가 따뜻해져서 바다와 연결된 후에도 호수에 머물렀다. 바이칼기름치가 있기 때문이다. <mark>이는 바이칼호수에만 사는 물고기로, 몸의 40%가 지방이다.</mark> 영양 만점인 바이칼기름치 덕분에 바이칼물범은 지금까지 살아남았다.

겨울에는 땅보다 물속이 따뜻해 바이칼물범은 호수 얼음에 구멍을 뚫고 숨을 쉬면서 물속에서 살아요. 그래서 겨울 호수는 구멍투성이랍니다.

울버린은 덫에 걸리면 다리를 찢어서라도 도망친다

대단한 망나니
이상함
★★★

몸길이: 65~105cm

늑대나 코요테, 곰이나 퓨마에게서도 먹이를 빼앗는 슈퍼 족제비 울버린. 자기보다 5배쯤 무거운 먹이라도 질질 끌고 갈 수 있다.

싸울 마음을 먹으면 이빨을 드러내고 등 털을 세우고 폭신폭신한 꼬리를 번쩍 세운다. 나직하게 으르렁거리는 소리를 들으면 곰도 도망친다. 사냥꾼의 덫에 걸린 담비나 여우를 발견하면 그 자리에서 먹어 치우기도 한다. 배가 불러도 남은 것을 양보하지 않는다. 항문에서 지독한 냄새가 나는 액체를 발사! 먹다 남은 동물 사체에 증표를 남긴다.

울버린은 덫에 걸려도 포기하지 않는다. 다리가 찢어지더라도 덫에서 탈출한다. 덫에 피투성이 발가락만 남아 있기도 한다.

 숲속에서 곰처럼 활보하는 족제비. 개체수가 늘어 신북구(북아메리카) 숲에서도 볼 수 있어요. 걸어 다닌 덕분에 성공한 거죠.

북극곰은 떠다니는 얼음이 없으면 죽는다

몸길이: 180~250cm

북극해

털은 하얀데 피부는 까묘 **이상함** ★★★★

"지구가 자꾸 더워져서 큰일이에요"

둥둥

아시아에 살던 큰곰 일부가 북아메리카에도 진출했다. ==그때 뒤처지는 바람에 갈 곳을 잃고 극한의 땅에서 살아남은 곰의 자손이 북극곰이다.== 피부는 큰곰처럼 까맣다. 북극권에는 원래 땅에 사는 대형 육식 동물이 없었다. 북극곰은 생태계의 왕자로 군림해 물범 등을 잡아먹으며 번성했다.

지구본을 위에서 내려다보면 알 수 있는데, 북극은 대륙에 둘러싸인 바다 중심에 얼음이 떠 있는 세계다. 북극곰이 사냥하려면 둥둥 떠다니는 얼음(유빙)이 꼭 필요하다. 유빙을 타고 물범에게 접근해 덮친다. ==지구온난화로 유빙이 사라지면 북극곰은 멸종할 것이다.==

 유빙이 줄어들고 사냥을 못 하게 되면, 먹이를 찾으러 육지로 나갑니다. 회색곰과 서식지가 가까워서 교배하기도 해요.

사향소의 엉덩이는 백만 불짜리

눈 아래에서 냄새를 내뿜어
이상함
★★★★

몸길이: 190~230cm

둥글게 ♪
둥글게 ♪
빙글빙글 ♪
돌아가며 ♪

사향소는 여름에도 온도가 0°C인 추운 툰드라 대지에서 산다. 천적은 북극늑대다. 사향소가 훨씬 크지만 북극늑대는 무리에서 떨어진 새끼를 노린다. 북극늑대가 오면 무리의 어른들은 가운데에 새끼를 두고 엉덩이를 붙여 원을 만들어 지킨다. 북극늑대가 접근하면 다리를 쿵쿵 굴리며 쫓으려고 한다. 북극늑대를 피할 때뿐만 아니라 추울 때도 이 방법을 쓴다. 털이 땅에 끌릴 정도로 길어서 엉덩이가 모인 중앙은 따뜻한 텐트 같다. 덕분에 새끼를 잃지 않고 살아남았다.

 수컷은 번식기에 눈 아래에서 좋은 냄새(사향)를 내뿜어요. 원을 만들기 위해 멈추는 습성 때문에 무기를 쓰는 인간의 표적이 되곤 해요. 멸종이 염려되는 동물입니다.

흰바위산양은 위험한 바위 덕분에 안전하다

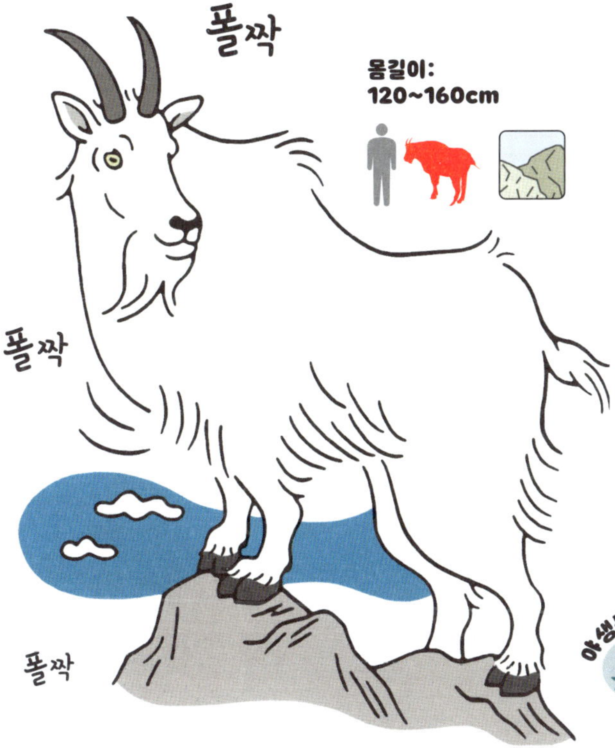

몸길이: 120~160cm

폴짝

폴짝

폴짝

야생동물인데 하양다
이상함
★★★

4000m나 되는 높은 로키산맥에 사는 염소 동족이다. 대형동물 중에 가장 높은 곳에 사는 동물 중 하나다. 외모는 귀여운데 다 큰 수컷은 무게가 140kg 가까이 나간다. <mark>체구가 큰데도 험준한 바위산을 거의 수직으로 뛰어 내려올 수 있다.</mark> 그 정도로 다리가 튼튼하고, 두툼하고 잘 벌어지는 발굽이 있어 바위를 잘 움켜쥘 수 있다.

천적은 거의 없다. 고지대까지 슬금슬금 올라온 퓨마나 울버린, 늑대가 새끼를 노리긴 한다. 그러나 빠른 속도로 바위 사이를 뛰어다니고 올라다니므로 쫓아오지 못한다. 겨울이면 도톰한 털에 뒤덮이는데, 색이 하얘 눈 속에서도 보호색 역할을 한다.

 흰바위산양에게도 험한 바위는 위험하지만, 천적이 쉽게 따라오지 못하므로 바위가 보호해 준다고 할 수 있죠.

산비버는 터널 장인

별로 안 귀엽네
이상함
★★★★

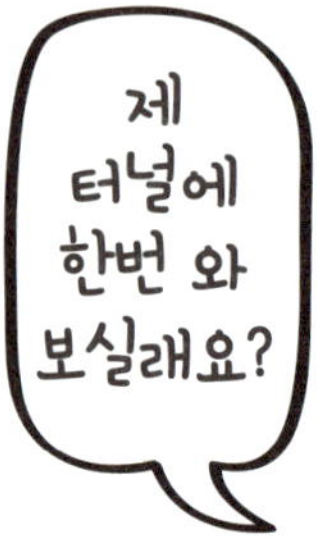

"제 터널에 한번 와 보실래요?"

우물
우물

몸길이: 30~46cm

미국 개척자들이 산비버라고 이름을 붙였지만 강에 사는 비버와는 관계가 없다. 산비버는 강이나 산은 물론이고 축축한 저지대에서도 산다. 모든 설치류의 조상과 가장 가까운 오래된 동물이다.

산비버는 습지에 길이가 300m쯤 되는 터널을 만들고 지낸다. ==터널 안 저장고에 뜯은 풀을 말려 보관한다.== 신선한 풀이 부족한 겨울에는 마른 풀을 먹으며 산다. ==가끔 적에게 쫓긴 다람쥐나 토끼가 터널로 도망칠 때가 있다.== 또 큰비가 내리면 터널이 물에 잠긴다. 그럴 때는 터널을 헤엄쳐 이동한다.

북아메리카뿐 아니라 동아시아에서도 산비버와 비슷한 동물의 화석이 발견되었어요. 구북구와 땅이 이어졌던 시대가 있었다는 증거죠.

캐나다산미치광이는 나무에서 떨어질 때가 있다

캐나다산미치광이 쥐목 아메리카산미치광이과

온몸이 가시투성이
이상함 ★★★★

뽀족
뽀족

몸길이: 60~90cm

산미치광이는 두 가지 종류다. 굴을 잘 파고 아시아와 아프리카에 사는 산미치광이, 그리고 나무를 잘 타고 남북아메리카에 사는 나무타기(아메리카)산미치광이다. 외형은 비슷한데 친척은 아니다. ==적에게서 몸을 지키는 방법이 비슷해 외형이 비슷해졌을 뿐이다.== 털이 변형된 가시는 적을 찌르면 금방 빠진다. ==가시 끝이 뒤집어져서 적의 몸 안으로 파고든다.==

수년 전에 브라질에서 한 여성의 머리 위로 나무타기산미치광이가 갑자기 떨어진 적이 있다. 무려 272개나 되는 가시가 머리에 박혔다고 한다. 나무를 타다가 실수로 떨어진 모양이다.

 가시 때문에 산미치광이끼리 접근하지 못한다는 '산미치광이의 딜레마(혹은 고슴도치 딜레마)'는 거짓말이에요. 암컷이 수컷을 받아들일 때는 가시를 내리니까 괜찮아요.

비버는 손재주가 매우 뛰어나다

제 통나무집도 볼 만하다고요

으쓱

으쓱

왠지가 귀여워
이상함
★★★☆☆☆

몸길이:
90~120cm

비버는 강을 막아 댐을 만들고 통나무집을 짓는다. 버드나무, 포플러, 자작나무 같은 나무를 갉아 쓰러뜨려 재료를 모은다. 가장 큰 댐은 길이가 652m나 되고, 통나무집도 높이가 2.5m에 바닥 지름이 12m나 되는 것이 있다. 그저 크기만 큰 것이 아니다. 에어컨처럼 천장으로 공기가 들어오게 하는 기능까지 갖췄다. 물이 불거나 줄어들 때마다 비버는 집을 계속 수리한다.

가끔 나무를 쓰러뜨리려고 갉다가 자기가 깔려 죽기도 해서 훈련이 필요하다. 기술은 부모 비버가 새끼에게 가르쳐준다. 새끼는 태어나서 10일쯤 지나면 수영할 수 있는데, 2년간은 부모를 도우며 공부한다.

 번식기에는 해리향이라는 좋은 냄새를 풍겨요. 바닐라 아이스크림의 향을 내는 첨가물로 쓰여 한때 멸종 위기에 놓였어요.

별코두더지는 터널을 잘 못 판다

코가 말미잘 같아
이상함
★★★★

몸길이:
10~12.7cm

별코두더지는 두더지인데 터널을 잘 못 판다. 낮고 축축한 땅에 터널을 파서 금방 무너지고 물난리가 난다. 다행히 너풀거리는 코 덕분에 터널이 무너져도 진흙과 물을 헤치고 갈 수 있다. 다른 두더지는 흙 속에서 먹이를 찾으려고 수염을 쓰는데, 진흙이나 물속에서는 수염이 구부러진다. 별코두더지는 너풀거리는 코로 벌레나 지렁이, 작은 물고기의 움직임을 쫓아 사냥할 수 있다. 코끝에 탄력 있는 돌기가 11쌍(좌우 합쳐 22개) 있고, 중앙에 콧구멍이 2개 뚫려 있다. 돌기는 태어났을 때부터 있다. 그 정도로 중요한 기관이다.

일본에도 사는 작은 두더지가 빙하기에 북미로 건너가 진화한 것이 신북구의 두더지죠. 너풀거리는 코 덕분에 습지에서 살아남았어요.

가지뿔영양은 긴장하면 엉덩이에서 냄새가 난다

냄새가 지독해
이상함
★★★★☆

찌릿
찌릿

몸길이:
100~150cm

오랜 옛날, 북아메리카 초원에는 가지뿔영양 동족들이 10종류 가까이 번성했다. 그러나 지금은 가지뿔영양만 남았다. 한때 북아메리카에도 살았던 치타에게서 도망치기 위해 달리기가 빠르다. 최고 시속은 96km다. 자동차와 나란히 달리거나 추월하기도 한다.

위험을 느끼면 긴장해서 엉덩이의 하얀 털이 바짝 서는데, 동료에게 위험을 알리는 역할을 한다. 털구멍에서 100m 떨어져 있는 인간도 맡을 수 있는 냄새가 난다. 사람에 따라 염소 냄새 혹은 산쑥 냄새라고 느낀다. 적에게 쫓겨 무리가 뿔뿔이 흩어져도 냄새 덕분에 모일 수 있다.

 수컷과 암컷 모두 가지가 달린 뿔이 있지만, 수컷의 뿔이 더 커요. 사슴뿔처럼 매년 빠졌다가 이듬해에 다시 새롭게 자라지요.

프레리도그는 키스를 너무 좋아한다

개처럼 짖어
이상함
★★☆☆☆

몸길이: 36~43cm

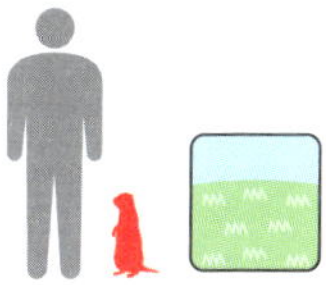

깽! 깽! 깽! 깽! 깽!

프레리도그는 초원에서 생활하는 다람쥐의 동족이다. 지면에 출입구를 잔뜩 낸 터널을 만들고 산다. ==코요테, 검은발족제비, 매, 뱀 같은 적이 접근하면 개처럼 '깽' 하고 짖어 가족을 터널로 피신시킨다.==
==가족은 만날 때마다 코를 맞대 키스한다.== 냄새를 맡아 상대를 확인하는 행동으로 '키싱'이라고 한다. 터널에서 나와 풀을 먹고 들어오면서 키스, 주변을 둘러보고 들어오면서 키스한다. 몇 초 지나지 않았는데도 그런다. 너무 많이 하나 싶은데, 상대를 확인해 적이나 다른 프레리도그를 구분해 쫓아내기 위해서다.

키스해서 서로 확인하는 행동에는 영역을 지키는 의미가 있어요. 영역을 지켜야 먹이의 양과 가족 수의 균형을 유지할 수 있어요.

보브캣이야, 스라소니야?

"선배님이라고 부르거라"

엣헴

술 같은 귀털과 짧은 꼬리
이상함
★★★☆☆

몸길이: 65~105cm

보브캣은 북아메리카에만 사는 소형 스라소니입니다. <mark>귀 끝에 술처럼 달린 뾰족한 털은 소리를 모아 주는 효과가 있다.</mark> 이 술 덕분에 쥐나 다람쥐의 소리를 놓치지 않는다. 스라소니에게도 같은 역할을 하는 술이 있다. 보브캣이 처음 발견되었을 때, 크기를 제외하면 스라소니와 똑같아서 스라소니가 작아졌다고 생각했다. <mark>최신 연구를 통해 약 320만 년 전에 스라소니의 조상으로부터 먼저 보브캣이 나타났고, 후에 스라소니가 등장했다는 사실을 밝혔다.</mark> 스라소니가 보브캣을 닮은 것이다.

 보브에는 '그루터기 같은 꼬리'와 토끼처럼 '껑충거린다'라는 의미가 있어요. 보브캣이 이런 특징을 보였기에 붙은 이름이에요.

붉은늑대는 이러지도 저러지도 못한다

몸길이: 110~130cm

끄응

특색이 없어서 잡종 같아
이상함
★★★

왜 자꾸 괴롭혀…

붉은늑대는 이 지역에만 사는 특별한 종류다. 신북구에 사는 회색늑대보다 작고 코요테보다 크다. 그러나 개발 때문에 숲이 줄어들어 코요테와 서식지가 겹치고, 가축을 습격한다는 이유로 죽임을 당해 한때 야생에 14마리만 남을 정도로 수가 줄었다.

==늑대 동족이 줄면 들쥐나 흰꼬리사슴이 늘어나 자연계의 균형이 무너진다.== 그래서 워싱턴주의 동물원을 중심으로 1970년대부터 붉은늑대 야생 복원 계획이 실시되어 당시 43마리였던 붉은늑대가 300마리까지 늘어났다. ==그런데 그러는 중에도 본래 살아야 할 땅이 사라져 현재 야생에는 20~30마리만 살아 있다.==

 붉은늑대는 회색늑대나 코요테를 태어나게 한 원종이에요. 두 종의 잡종이라는 오해를 받는데, 자매종입니다.

버지니아주머니쥐는 냄새를 풍기며 죽은 척하기가 특기

꽥!

풀에 사는 유대류
이상함
★★★★☆

꽥!

몸길이: 35~55cm

주머니쥐는 배에 아기 주머니가 있는 유대류다. 오랜 옛날에는 세계 각지에 유대류가 살았는데 지금은 캥거루와 코알라 등을 한정된 지역에서만 볼 수 있다. 주머니쥐만은 예외적으로 북아메리카 남동부부터 북으로는 캐나다(온타리오)까지 서식지를 넓혔다. 수가 늘어난 이유 중 하나는 죽은 척하는 습성 덕분이다. ==깜짝 놀라면 죽은 척을 해 상황이 지나가기를 기다린다. 게다가 싫은 냄새를 풍겨 '나는 죽었어요, 썩는 중이에요' 하고 주장한다.== 여우나 보브캣도 잡아먹으려다가 그냥 가 버린다.

 뇌 움직임을 기록하는 기계로 검사해 본 결과, 죽은 척하는 주머니쥐는 사실 깬 채로 경계 행동을 하는 상태임을 알 수 있었어요.

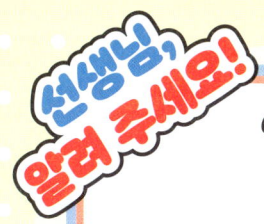

"살아 있는 화석이 뭐예요?"

멸종했는데 살아 있다고?

 '살아 있는 화석'이 뭐예요? 동물원에서 피그미하마(62쪽)를 구경하는데 간판에 '살아 있는 화석'이라고 적혀 있었어요.

 화석이 걸어 다닌다는 소리는 아니야. **멸종해서 화석으로만 볼 수 있던 동물이 발견될 때가 있는데 그걸 말한단다.** 피그미하마는 550만 년쯤 전의 하마 화석과 흡사해. 하마의 조상에 해당하는 동물의 후손이라고 봐.

화석은 단순한 뼈가 아니다

 화석은 뼈예요?

 그냥 뼈는 아니야. 오랜 시간에 걸쳐 흙 속에서 돌처럼 변화해 남은 것이지. 죽은 동물이 지면에 깔린 채 긴 시간이 지나면, 털이나 살은 썩어 버려. 그래서 대부분 뼈나 이빨만 남지. 땅속에서 발견된 냉동 매머드도 화석이라고 부른단다.

이빨 하나가 세계를 바꾸다

 화석으로 남으면 그 동물이 살았다는 증거가 돼. **'기간토피테쿠스'라는 멸종한 거대 원숭이는 홍콩 한 약방에서 팔린 이빨 하나 덕분에 발견되었어.**

 딱 하나요?

 그래. 그 이빨 덕분에 기간토피테쿠스가 북경원인의 선조라는 사실을 알았지. 이에 붙은 흙에서 살았던 동굴을 특정했고, 이빨이 닳아서 없어진 정도로 식물을 먹었으며 강인하고 당당했다는 것까지 알 수 있었어.

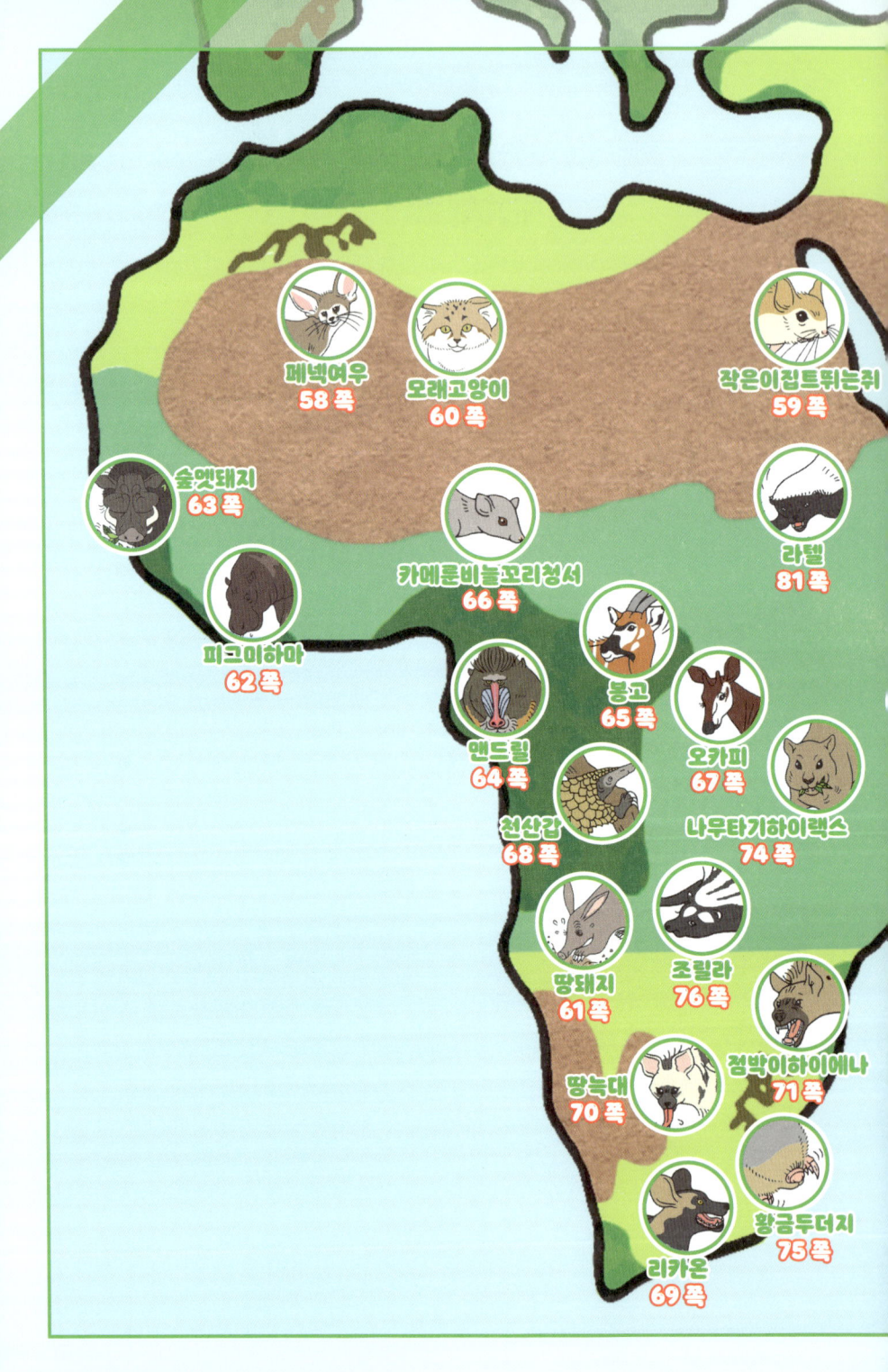

(((아프리카 대륙)))
아프리카열대구의 이상한 동물

사하라 사막보다 남쪽의 아프리카 대륙과 마다가스카르섬을 포함한다. 이곳에만 사는 동물이 많다. 에티오피아구라고 불리기도 한다.

벌거숭이뻐드렁니쥐
73쪽

금빛허리코끼리땃쥐
72쪽

포사
77쪽

인드리원숭이
79쪽

줄무늬텐렉
78쪽

아이아이
80쪽

페넥여우는 평생 물을 마시지 않는다

"이 큰 귀가 제 매력 포인트랍니다"

헐~ 이랑 귀랑 크기가 같아
이상함 ★★★☆☆

몸길이: 35.7~40cm

페넥여우의 큰 귀는 사냥감의 소리를 듣고 체온을 조절할 때 제 역할을 톡톡히 한다. 귀에는 혈관이 흘러서 더운 사막에서 지내느라 몸에 쌓인 열기를 귀로 내보낼 수 있다. 발바닥에도 털이 빼곡하게 자라 모래에 빠지지 않는다. 소리 내지 않고 곤충이나 모래쥐, 토끼, 도마뱀, 뱀을 사냥한다.

사막에는 물을 마실 곳이 없어 식물 뿌리를 먹어 수분을 섭취한다. 혹은 이동하는 도중에 죽은 오리, 비둘기, 제비의 체액으로 수분을 보충한다.

사하라 사막은 비가 내리지 않는 '황무지'가 어원일 정도로 건조한 곳이다. 이곳에 사는 페넥여우는 평생 물을 마시지 않는다고 한다.

사막이라는 불모지는 바다 같은 존재예요. 동물들의 이동을 방해하죠. 건조함과 고온을 견디는 특별한 몸을 갖춘 동물만이 살아남았어요.

작은이집트뛰는쥐는
긴 수염이 지팡이 대신

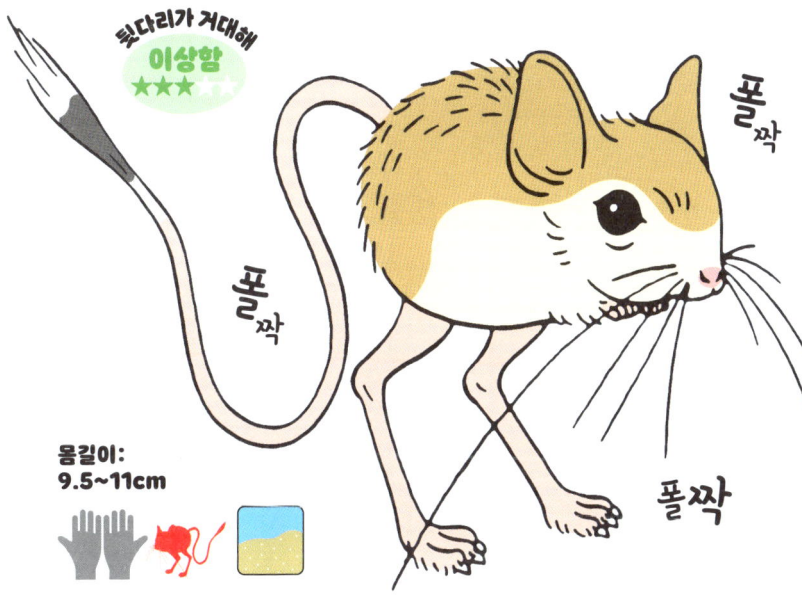

작은이집트뛰는쥐는 뒷발가락이 3개이고 옆에 딱딱한 털이 났다. 이 발 덕분에 푹푹 빠지는 사막에서도 한 번에 3m, 몸길이의 10배 이상으로 점프할 수 있다. 하룻밤에 10km나 되는 범위를 이동한다. 평소에는 바람을 타고 온 식물 씨앗이나 바위틈에 자란 풀이나 잎을 먹는다. 밤에 활동하며, 캥거루처럼 뛰어다니며 먹이를 찾는다.

콧등의 딱딱한 털 중 두 가닥은 몸길이와 같을 정도로 길고 아래로 쭉 뻗어 끝이 지면에 닿는다. 점프했다가 착지할 때, 수염이 먼저 지면에 닿는다. 수염이 지팡이 대신이다. 지면의 울퉁불퉁함을 감지하고 방해물이 있는지 알 수 있다.

 낮에는 깊이 1m 이상인 터널에서 지내요. 외부 기온이 50°C여도 그 안은 25°C 전후죠. 마른 잎을 잔뜩 깔아 놓아 바깥과 비교하면 천국이에요.

모래고양이는 귀여운데 뱀을 잡아먹는다

오줌까지 절약하다니
이상함
★★★

영역 표시요? 그건 비밀이에요…

몸길이:
45~57cm

사막에 사는 고양이여서 모래고양이라고 불린다. 사막은 낮이면 타들어 갈 듯이 덥다. 해가 떠 있는 동안에는 굴 안에서 더위를 피한다. 깊은 굴은 아니지만 태양 열기를 막아 준다. 태양이 기울면 기온이 뚝 떨어진다. 모래고양이가 활동하는 시간이다. 겨울 이외의 계절에는 대부분 야행성이다.

모래고양이의 사냥감은 뛰는쥐 같은 젖과 동물들, 사막들꿩과 같은 새, 사막뿔살무사 같은 파충류, 곤충 등이다. <mark>먹이에서 얻는 수분만으로 살아간다.</mark> 하룻밤에 10km나 이동한 기록이 있을 정도로 넓은 범위를 돌아다닌다. 자기 영역을 표시할 때 물을 절약하기 위해서 오줌을 누지 않는다. 무엇으로 영역을 표시하는지는 알려지지 않았다.

 3~4월에 새끼가 태어나는데 10월에도 출산했다는 기록이 있어요. 집고양이 이외 대부분의 고양잇과 동물은 1년에 한 번 새끼를 낳는데, 번식 습성이 특이하죠.

땅돼지는 굴 파기 명수

돼지와 아주 비슷해
이상함 ★★★★

"제가 지금 바빠서…"

응차
응차

몸길이: 120~160cm

들창코가 돼지와 닮았지만 돼지의 친척은 아니다. <mark>네덜란드인이 돼지인 줄 알고 이름을 잘못 붙였다.</mark> 어금니가 독특하게 발달한 이 땅돼지란 동물은 동족이 없다.

어금니는 가는 빨대가 다발처럼 뭉친 형태다. 흰개미를 으깨기 위한 기관일 거라고 짐작했지만 실제로 먹을 때는 이빨을 쓰지 않는다. 대신 위장의 입구를 닫았다가 벌리며 흰개미를 부순다. <mark>이빨이 약해 맞물리기만 해도 부슬부슬 갈린다.</mark> 이빨은 평생 자라는데, 죽은 뒤에 화석이 되지 않는다.

특기는 굴 파기다. 3m나 되는 깊은 구멍을 파 둥지로 삼는다. 산미치광이나 하이에나가 쉼터로 쓰기도 한다. <mark>자동차가 이 구멍에 빠져 뒤집히는 사고가 난 적도 있다.</mark>

3000만 년 전 유럽이나 남아시아에 땅돼지의 조상이 살았어요. 원시 동물의 후예죠. 귀중한 동물이랍니다.

피그미하마는 마음을 설레게 한다

몸길이: 150~180cm

피그미하마를 발견한 사람은 동물 수집가인 한스 숀부르그다. 1910년, 독일 동물상인 칼 하겐베크는 숀부르그에게 공포의 '까만 돼지'를 포획해 달라고 의뢰했다. 포획대는 역경을 겪은 끝에 밀림에서 50m도 떨어져 있지 않은 거리에서 까만 돼지와 마주친다. 그러나 죽이지 못했다.

숀부르그는 '나는 이 동물을 다치게 하고 싶지 않았다'라고 기록했다. 사람들은 꿈이라도 꾼 것 아니냐며 웃었다. 하겐베크만이 믿어 줬다. 숀부르그는 다음 해에 다시 숲으로 가 마침내 까만 돼지인 피그미하마를 생포했고, 하겐베크에게 '피그미하마 잡음. 매우 귀여운 동물'이라고 전보를 쳤다.

하마의 조상은 피그미하마처럼 작았어요. 숲에 살았는데, 기후가 달라지고 초원에 살면서 덩치가 커졌어요. 피부는 여전히 약해 물에서 살아요.

숲멧돼지는 정열에 져서 발견되었다

우적

얼굴이 괴상하고 신기함
이상함
★★★

몸길이: 130~210cm

우적
우적

숲멧돼지 우제목 멧돼지과

숲멧돼지는 몸무게가 250kg 이상인 거구인데, 오랜 세월 환상의 거대 흑돼지라고 불렸다. 20세기에 들어서 발견되었다. 발견자는 동아프리카 라이플총 부대의 대장 메이너츠하겐 대령이다. 대령은 케냐의 마을에서 송아지 크기의 동물 가죽을 발견하고 1m가 넘는 거대한 머리뼈를 주우며 흑돼지 정보를 하나둘 모았다.

마침내 대령은 라이플총으로 흑돼지를 붙잡았다. 그는 흑돼지를 징식품으로 쓸까 망설이다가 런던 동물학회에 보냈다. 학문적으로 귀중한 신종 멧돼지였으므로 학회는 감사의 표시로 학명에 대령의 이름을 붙였다.

 대령의 목적은 포획이었지만 찾고 싶다는 정열, 잡은 흑돼지를 학회에 보내는 판단력으로 동물학에 대단한 공적을 남겼어요.

아프리카열대구의 이상한 동물

맨드릴은 개가 오면 나무로 올라간다

흠칫

!!!

얼굴도 엉덩이도 화려해
이상함
★★★★★

몸길이: 약 70cm(수컷)

월! 월! 월!

맨드릴은 세상에서 가장 화려한 원숭이다. <mark>코끝부터 눈은 빨갛고 콧대 양쪽은 파랗다. 턱수염은 노란데 엉덩이는 파란색, 보라색, 분홍색으로 반짝이기까지 한다.</mark> 낮에도 어둑어둑한 깊은 숲에서 이 정도로 화려하지 않으면 눈에 띄지 않는다. 수컷의 엉덩이는 암컷과 새끼의 표지판이 된다. <mark>무리 구성원은 수컷의 엉덩이를 보고 쫓아간다.</mark>

워낙 신중해서 인간이나 개가 접근하면 숨는다. 그래서 생활상이 잘 알려지지 않았다. 현지에서 맨드릴이 인간을 공격하는 경우는 없다. <mark>나무타기에 서툰데도 개가 접근하면 놀라서 나무에 올라가 찰싹 달라붙어 있다.</mark>

 맨드릴의 삶이 삼림 벌채 때문에 위태로워지고 있어요. 수수께끼로 가득한 아름다운 자연을 그대로 남겨 둬야 살아남을 수 있습니다.

봉고는 만지면 색이 빠진다?!

숲에 사는데 저구
이상함
★★★

※ 만지지 마시오!

몸길이:
220~235cm

봉고는 임팔라나 가젤 등 아프리카에 사는 소의 동족이자 사슴처럼 생긴 영양이다. 영양은 보통 초원에 살고 몸이 가늘어 폴짝폴짝 잘 뛰어다닌다. 한편 봉고는 숲에 사는데, 덩치가 크다. <mark>몸은 주황색이 섞인 적갈색으로 '숲의 귀공자'라고 불릴 정도로 아름답다.</mark>

이 주황색은 털 색깔이 아니다. 몸 안 색소가 배어 나온 것이다. <mark>젖은 봉고의 몸을 만지면 손이 주황색으로 물든다.</mark> 나이를 먹으면 봉고의 몸은 초콜릿색에서 점차 까만색으로 바뀐다.

 봉고는 세계적으로 진귀한 동물이에요. 부끄러움을 많이 타 놀랐을 때 빠르게 사라지는 습성이 있어요.

카메룬비늘꼬리청서는 날지 못한다

몸길이: 18~23cm

꼬리에 비늘이 있어
이상함
★★★★★

← 비늘

못 날아도 잘 살아!

꼬리 안쪽에 도마뱀처럼 비늘이 있어서 비늘꼬리청서다. 비늘＋꼬리＋청서(다람쥐)라는 이름대로 다람쥐와 같은 설치류다. 날다람쥐처럼 막이 있어서 높은 나무에서 나무로 패러글라이딩을 하듯이 날아갈 수 있다. ==나무에 오를 때, 꼬리의 비늘이 미끄럼 방지 역할을 해 준다.==

비늘꼬리청서의 동족 중에 막이 없어서 날지 못하는 비늘꼬리청서도 있다. 바로 카메룬비늘꼬리청서다. ==1898년에 발견된 신비한 이 동물은 애초부터 비행을 위한 막이 없었는지, 아니면 진화하면서 막이 점차 사라져 오늘날에 이르렀는지 전문가들의 의견이 서로 다르다.== 최근 연구를 통해 2000만 년 이상 전부터 있던 종임을 밝혀냈다. '살아 있는 화석'이다.

21세기가 되어서도 알려진 바가 거의 없는 동물이 있다니 참 놀랍죠? 2000만 년 전부터 살았는데 말이죠.

오카피는 아프리카에 사는 유니콘?

"유니콘보다 아름다운 엉덩이 ♥"

엉덩이가 예뻐
이상함
★★★★

몸길이: 190~200cm

오카피를 발견한 사람은 동물학자가 아니다. 어려서부터 미지의 동물을 좋아했던 해리 존스턴, 미확인 동물 애호가다. 그는 당시 영국령 아프리카 우간다의 총독이었다.

존스턴은 아프리카 숲에 사는 유니콘을 꼭 보고 싶었다. 1900년에 피그미족과 친해져서 그 포부를 말하자, '오카피'가 분명하다는 말을 들었다. 발자국과 모피, 머리뼈 등 오카피의 실마리를 찾은 끝에 존스턴은 '뿔이 없는 옛날 기린일지도 몰라!'라고 생각했다. 존스턴이 대영박물관에 보낸 증거로 연구를 진행한 결과, 오카피가 기린의 선조에 가깝다는 사실을 알아냈다. 학명에는 '존스턴'의 이름이 붙었다.

오카피는 기린의 조상 '팔레오트라구스'와 똑같아요. 전문가가 아닌 존스턴이 진실을 꿰뚫어 보다니 대단하죠.

천산갑은 개미로 목욕한다

전신이 비늘
이상함
★★★★★

몸에도 좋고
맛도 좋은 개미♪

몸길이:
30~35cm

천산갑은 흰개미를 아주 좋아한다. 흰개미 굴을 부수고 긴 혀로 핥아 먹는다. 흰개미가 공격해도 온몸이 비늘이라 막아 낼 수 있다. 코, 귀, 눈을 감으면 개미가 들어오지도 못한다. 그렇게 흰개미를 막으며 열심히 먹어 치운다. 먹을 때는 흰개미와 함께 작은 돌도 삼킨다. 작은 돌 위에서 뒤섞이며 소화를 돕는다. 가끔 무너뜨린 개미굴에 눕기도 한다. 비늘 사이에 개미를 끼우는 '개미 목욕'을 한다. 개미가 내뿜는 독 액체가 피부에 닿으면 기분 좋아져서 한다는 추측, 개미를 비늘에 가둔 채 물에 들어가 개미를 떨어뜨리면서 피부와 비늘의 더러움을 제거한다는 추측이 있다.

 비늘은 새끼 때는 부드럽지만 어른으로 성장할수록 점점 더 딱딱해져요. 사람의 손톱과 발톱처럼 계속 자라요.

리카온은 더위에 강한 만큼 집요하다

리카온 식육목 갯과

신선한 고기만 먹지 이상함 ★★★

고기!
고기!
우다다다

몸길이: 76~112cm

리카온의 또다른 영어 이름은 '헌팅독(사냥하는 개)'이다. 지금 막 잡은 먹이(동물)의 신선한 고기만 먹는다. 10마리쯤 무리를 이루어 사냥감에게 달려든다. 선두가 지치면 선수를 교체한다. 사냥감의 콧등을 노리고, 움직임을 멈추면 전원이 덮친다. <mark>누 같은 대형 초식 동물을 추격해 지치게 한 뒤 쓰러뜨린다.</mark> 5km는 너끈히 추적할 수 있어 어떤 상대든 지쳐 버린다. 사냥감을 찾아 하루에 2~50km를 이동한다.

개의 동족은 더위에 약한데 리카온은 더운 사반나에서도 괜찮다. <mark>뇌에만 차가운 혈액을 보내는 특수한 구조 덕분이다.</mark> 리카온의 사냥 성공률은 50%에 가깝다. 사자나 치타가 10%인 것을 생각하면 사냥 실력이 얼마나 뛰어난지 알 수 있다.

 평균 체온은 다른 갯과보다 높은 39℃예요. 수분을 섭취하지 않고 활동할 수 있어요. 시속 15km로 달리면 체온이 2.2℃ 올라가는데 그래도 쓰러지지 않아요.

아프리카 열대구의 이상한 동물

땅늑대는 고기를 먹지 않는다

흰개미가 좋아
이상함
★★★★

몸길이: 55~80cm

맛있는데…

한번 먹어 볼래?

땅늑대는 하이에나의 동족이다. 흙을 파서 굴을 만들어 '흙늑대'라고도 불린다. 땅늑대는 고기를 먹지 않는다. 널찍한 혀와 풍부한 침으로 하루에 4만 마리의 흰개미를 먹는다. 3시간이나 걸리는 식사다. 1초에 3.7마리를 먹을 수 있다.

땅늑대가 하이에나와의 싸움에서 져서 흰개미를 먹기 시작했다는 추측이 있는데, 땅늑대는 다른 하이에나처럼 강한 이빨과 턱이 없어서 원시적인 형태일 수도 있다. 또 앞 발가락이 5개라는 점도 원시적이다(달리기에 특화한 다른 하이에나는 4개).

 흰개미는 개미가 아니라 바퀴벌레와 동족이에요. 흰개미를 먹는 동물은 대륙마다 있죠. 흰개미는 뛰어난 식량이랍니다.

점박이하이에나 암컷에게는 가짜 고추가 달렸다

개 같은데 고양이와 비슷
이상함 ★★★

몸길이: 95~165cm

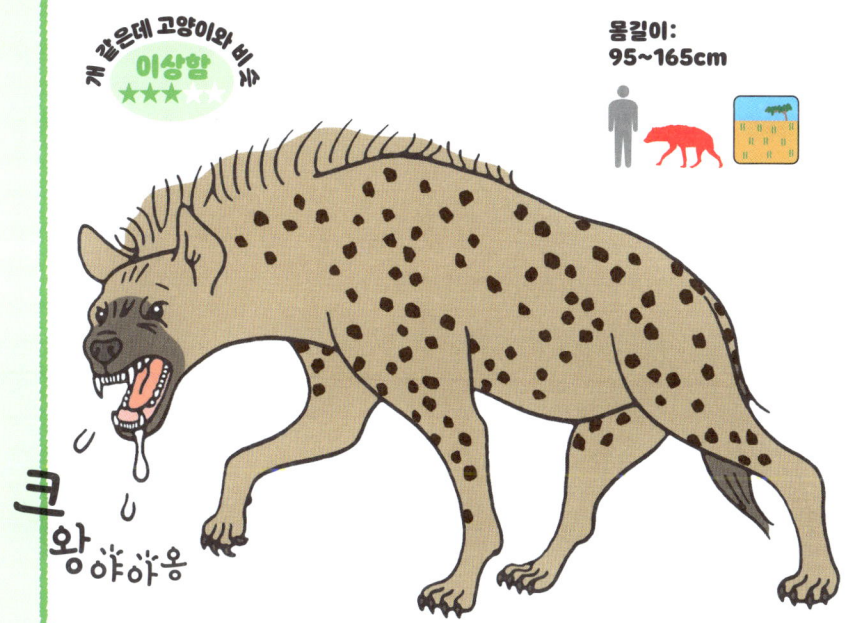

크 왕야야옹

하이에나는 개처럼 보이지만 사실은 고양이에 더 가깝다. 원래는 사향고양이라는 동물이었다. 고양이든 개든, 육식 동물 그룹은 숲에서 살던 미아키스라는 자그마한 동물이 조상이다. 숲에서 진화한 것이 고양이, 평원에서 진화한 것이 개의 동족이다. 사향고양이는 고양이 동족인데, 사향고양이에서 더 진화한 하이에나는 평원에 나와 살면서 진화한 탓에 개와 비슷하다.

점박이하이에나는 암컷이 무리의 리더다. 암컷도 남성 호르몬이 풍부하게 나와 고추와 똑같이 생긴 것이 달렸다. 수컷과 암컷의 모습이 비슷하면 동료의 결속이 강해진다는 추측이 있다.

 평원에서는 나무에 숨었다가 공격하는 사냥을 할 수 없으므로 무리가 협력해 사냥감을 덮치는 방식으로 사냥해요. 목은 근육질이 발달해 통통하고 튼튼해요.

금빛허리코끼리땃쥐는 엉덩이로 싸운다

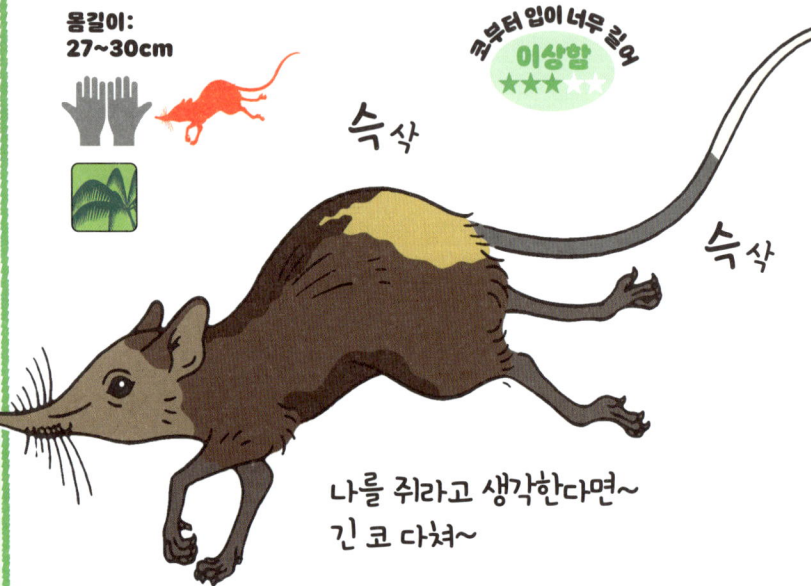

몸길이: 27~30cm

코부터 입이 너무 길어 이상함 ★★★

슥삭
슥삭

나를 쥐라고 생각한다면~ 긴 코 다쳐~

코끼리땃쥐는 쥐처럼 생겼지만 쥐가 아니다. 코끼리땃쥐라는 독립된 집단이다. 금빛허리코끼리땃쥐는 코끼리땃쥐 중에서도 가장 커서 무게가 500g 정도다. 축구장 2개 크기의 영역에 복잡한 통로를 만들고 산다. 금빛허리코끼리땃쥐는 평소 꼬리로 통로를 청소해 지나다니기 편하게 만든다. '금빛허리'라는 이름은 말 그대로 허리가 노랗기 때문에 붙여졌다. 털이 딱 거기만 노랗다. 허리부터 엉덩이까지 피부는 두껍고 튼튼하다. 영역을 돌아보다가 싸움이 벌어지면 엉덩이를 쓴다. 엉덩이만 물린다면 목숨을 잃지 않고 승패가 결정된다.

 약 1억 년 전, 공룡이 살던 시대에 있던 작은 동물에게서 토끼목과 코끼리땃쥐목이 갈라졌다는 이론이 있어요. 진화의 수수께끼를 숨긴 중요한 동물이죠.

벌거숭이뻐드렁니쥐는 공기가 없어도 살 수 있다

몸길이: 8.0~9.2cm

꼭 곤충처럼 살아
이상함
★★★★

제가 여러모로 특이하긴 하죠

하핫

털이 거의 없고 뻐드렁니가 있는 벌거숭이뻐드렁니쥐는 지하에 거대한 터널을 만들고 생활한다. 일반적인 동물과 다른 점이 많아 전 세계 연구자가 주목한다. 수명이 비슷한 크기의 쥐보다 10배 가까이 길어 28년이나 산다. 23년은 젊은 상태다. 이렇게 오래 사는데 암에 걸리지 않는다. 뜨거워도 아픔을 느끼지 않는다. 놀랍게도 공기(산소)가 없어도 18분간 살 수 있다. 공기가 희박해지면 숨을 멈추고 죽은 것 같은 상태가 된다. 다시 숨을 쉴 수 있게 되면 금방 기운을 회복한다. 뇌나 심장도 멀쩡하다.

 개미나 꿀벌처럼 각자 역할이 뚜렷하게 구분된 곤충 사회를 '진사회성'이라고 해요. 벌거숭이뻐드렁니쥐도 그런 습성이에요. 의학계에서도 주목합니다.

나무타기하이랙스는 나무에 달라붙는 게 특기

이상함 ★★★☆☆
웅크리고 잎을 베어 먹기

냠냠

냠냠

똥똥한 날쌘돌이라고 불러 주세요

몸길이: 30~60cm

나무타기너구리라고도 불리는데, 너구리는 아니다. 코끼리나 매너티와 조상이 같은 오래된 동물이다.

하이랙스는 똥똥하지만 날렵하다. 바위에 사는 하이랙스는 바위를, 삼림에 사는 하이랙스는 나무를 오르고 뛰어다닌다. 그런데 고양이처럼 긴 꼬리로 균형을 잡지도 않고 구부러진 갈고리발톱으로 붙잡지도 않는다. 가벼운 몸놀림의 비밀은 발 뒤에 있다. 발 뒤가 올록볼록한 고무처럼 생겨서 바위나 나무에 달라붙을 수 있다. 나무타기하이랙스는 총에 맞아도 나무에 달라붙어 떨어지지 않는다는 이야기가 있을 정도다. 코끼리와 매너티의 조상도 나무를 탔을 것이다.

 바위에 사는 하이랙스의 화장실에는 몇 만 년 전의 배설물도 남아 있어요. 그걸 조사하면 기후 변화를 알 수 있습니다.

황금두더지는 시도 때도 없이 움직인다

체온 조절을 잘 못 해
이상함
★★★★

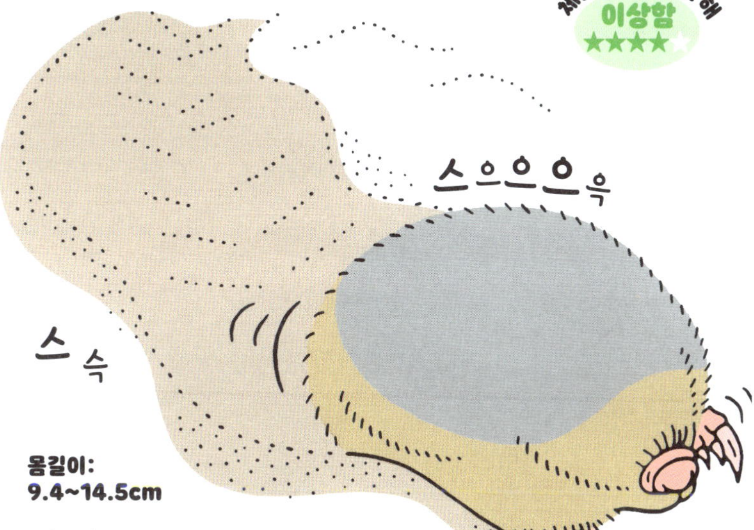

스으으으윽

스슥

몸길이:
9.4~14.5cm

황금두더지는 두더지가 아니다. 그래도 사막을 파헤쳐 지렁이를 꿀꺽 삼키긴 한다. 일반적인 두더지는 흙을 파서 터널을 만든다. 전진도 하고 후진도 할 수 있다. 그런데 황금두더지가 파는 것은 모래여서 터널을 만들지 못한다. 구불구불 얕은 골만 남는다.

공룡이 살던 오랜 옛날, 아프리카는 거대한 섬 대륙이었다. 그때 황금두더지의 조상이 나타났다. 이후 아프리카 대륙은 유럽이나 아시아와 연결되었다가 떨어지기를 반복했다. 그로 인해 외부에서 살던 동물이 오기도 하고, 황금두더지의 조상 같은 아프리카 태생 동물이 나가기도 했다. 그래서 아프리카 토속 동물이 어떤 것인지 알기 어려워졌다.

 황금두더지는 체온 조절을 잘 못 해요. 가만히 있으면 체온이 떨어져서 죽죠. 잘 때도 근육을 움찔움찔 움직인답니다.

조릴라는 방귀로 사냥감을 독차지한다

냄새가 정말 심해
이상함
★★★

몸길이: 28~38cm

조릴라는 아프리카에만 사는 족제비 동족이다. 꼬리를 들고 엉덩이에서 냄새 나는 액체 방귀를 뀐다. 냄새가 1km 너머까지 전해질 정도로 지독하다. 20세기 초, 이안 샌더슨이라는 유명한 사냥꾼이 있었다. 그는 '사자 9마리가 조릴라 1마리 때문에 죽은 얼룩말에게 접근하지 못했다'라는 기록을 남겼다. 조릴라는 죽은 얼룩말을 독차지하려고 지독한 냄새를 뿌리고 얼룩말 등에서 졸았다. 사자들은 냄새가 심해 얼룩말에게 접근하지 못했다. 치타, 표범, 리카온(69쪽), 점박이하이에나(71쪽)도 냄새가 두려워서 흑백 무늬를 보기만 해도 얼어붙는다.

조릴라는 적이 오면 액체를 내뿜고 죽은 척해요. 대부분의 동물은 죽은 동물에게는 공격할 흥미를 느끼지 않죠. 단, 후각이 발달하지 않은 악어에게는 효과가 없어요.

포사는 멋있지 않은 퓨마

멋있지 않은 퓨마
이상함
★★★★★

부릅

몸길이: 61~80cm

포사는 여우원숭이의 왕국으로 유명한 마다가스카르섬에 사는 최강의 대형 육식 동물이다. 마다가스카르식육과라는 독립 그룹의 일원인데 고양이의 동족으로 여겨진 적도 있다. '멋있지 않은 퓨마'처럼 생겼다. ==고양이처럼 혀가 까끌까끌하고 발톱을 숨길 수 있다.== 그런데 발톱을 넣을 집(케이스)은 없다. 마다가스카르섬은 공룡이 살던 약 8800만 년 전에 대륙에서 분리된 섬이다. ==포사는 1800만~2000만 년 전에 지각 이동 중이던 직은 심이나 우연이 떠다니는 큰 나무를 타고 섬에 온 것으로 추정된다.== 포사는 그 시절에 살았던 고양잇과 동물 전체 조상의 후예일지 모른다.

 마다가스카르섬에서는 공룡 화석도 나와요. 포사나 여우원숭이는 그보다 나중 시대에 나무를 타고 왔다고 여겨져요.

줄무늬텐렉은 털로 소리를 낸다

몸길이: 16~19cm

지직

지직

텐렉이라는 동물은 마다가스카르섬에만 산다. 섬에 텐렉과 경쟁할 동물이 없어서 여기저기에 흩어져 살았다. 나무 위에서 살고 강 옆에서 살고 땅에서 살고…… 이렇게 오랜 시간이 지나면서 텐렉은 대략 30종으로 나뉘었다. 줄무늬텐렉은 고슴도치처럼 몸에 바늘 같은 털이 났다. 등에는 소리가 나는 특수한 털이 15개 있다. 다른 바늘보다 두껍고 짧으며 자국이 있다. 방울벌레나 귀뚜라미가 날개를 비벼 소리를 내는 것처럼 바늘을 비벼 지직지직 소리를 낸다. 수상한 것과 마주쳤을 때, 으르렁거리는 대신 가시로 소리를 내는지도 모른다.

텐렉은 마다가스카르가 섬이 된 덕분에 살아남았어요. 텐렉의 조상은 마다가스카르에서 공룡과 함께 살았던 적도 있어요.

인드리원숭이의 이름 뜻은 저걸 봐?!

말풍선: 놀란 게 아니고 눈동자가 좀 작은 거

고릴라 같아
이상함 ★★★★

몸길이: 약 60cm

인드리원숭이는 가장 큰 여우원숭이다. <mark>마다가스카르섬에서는 오랜 옛날 그곳에 살던 사람들의 조상이 환생한 동물로 공경을 받았다.</mark>
인드리원숭이를 발견한 사람은 P. 소네라라는 수습 향신료 상인이었다. 1768년에 소네라는 박물학자 커머슨에게 고용되어 마다가스카르섬 자연조사에 나섰다. 현지 가이드가 꼬리 없는 커다란 흑백 여우원숭이를 발견하고 "엔드리나"라고 외쳤다. <mark>소네라는 그걸 '인드리'라고 메모했다.</mark>
사실 '엔드리나'는 현지어로 '저걸 봐'라는 의미다. <mark>소네라는 '저걸 봐'를 동물 이름이라고 착각했다.</mark> 본국에서도 그대로 '인드리'라고 이름을 붙였다.

2~6마리가 가족을 이루어 살아요. 낮에 활동하고 500m쯤 이동하는 등 생활상이 고릴라와 비슷해요. 멀리 떨어진 섬에 고릴라와 비슷한 종이 나타났다니 재미있죠!

아이아이는 손가락이 기묘한 원숭이

중지와 약지가 길어
이상함
★★★★★

말풍선: 안 나오면 쳐들어간다?

몸길이: 36~44cm

탁 탁 탁

인드리원숭이를 발견한 소네라(79쪽)는 10년 후, 박물학자 뷔퐁 백작의 부탁을 받고 마다가스카르섬으로 향한다. 소네라는 숲에서 새까맣고 특이한 동물을 2마리 붙잡아 마을로 데려갔다. 마을 사람들은 그걸 보고 "아에아에"라고 말했다. ==소네라는 '이름은 아이아이'라고 백작에게 보고했다.== 이 '아에'는 놀랄 때 '와!' 하는 감탄사다. ==아이아이는 숲에 사는 악마로 여겨져 두려운 존재였다.==
지레짐작을 잘하는 소네라지만 박물학 감각이 뛰어나서, 아이아이를 직접 기르고 원숭이와 비슷하다고 기록했다. 아이아이가 원숭이의 동족이라고 밝혀진 것은 80년이나 지난 후였다. 당시 소네라의 기록이 옳았다.

발견 당시 '손가락이 기묘한 쥐'라고 불릴 정도로 원숭이와 하나도 안 닮은 동물이죠. 긴 중지로 나무줄기를 때려 안에 있는 곤충을 찾아요.

라텔의 사냥 파트너는 작은 새

등에 갑옷이 있어
이상함
★★★★

몸길이: 약 75cm

"내 친구 괴롭힌 게 너냐?"

"아니지만 일단 죄송합니다"

라텔은 성질이 거칠고 건조 지대에 사는 울버린(40쪽)과 비슷한 동물이다. 라텔은 '꿀먹이오소리'라고도 불린다. 꿀이나 벌 유충을 좋아한다. 벌꿀길잡이새라는 작은 새는 벌집을 만들 때 쓰이는 재료를 좋아해서 벌집을 찾으면 라텔 근처를 날아다니며 알려 준다. 라텔은 벌꿀길잡이새를 따라 벌집으로 간다. 라텔이 벌집을 부숴 꿀을 먹으면 벌꿀길잡이새도 콩고물을 얻어먹는다. 벌은 물론이고 사자나 사람에게도 대항할 정도로 겁이 없다. 등이 회색 가죽인데 갑옷 대신이다. 독뱀이 와도 독에 면역이 있어서 잡아먹는다.

라텔과 벌꿀길잡이새의 관계는 서로 이득이 되므로 '상리공생'이라고 해요. 자연계에도 협력하며 사는 동물이 생각보다 많아요.

느림보곰은 시끄럽다

쿵 쿵 쿵 쿵

몸인데 흰개미를 먹네
이상함
★★★★★

몸길이:
140~180cm

곰은 추운 숲에 사는 동물인데 느림보곰은 특이하게도 열대림에 산다. 더운 곳에서 사는데도 털이 길다! 털은 새끼를 키울 때 도움이 된다. ==느림보곰 새끼는 지치면 어미 곰의 어깨 털을 잡고 업혀서 이동한다.==

좋아하는 먹이는 흰개미다. 길쭉한 갈고리발톱으로 흰개미 굴을 부순다. ==관처럼 길쭉한 코와 입술에서는 청소기처럼 쿵쿵 소리가 난다.== 숨을 훅 불어 먼지를 날린 후 흰개미나 유충을 빨아들인다. 콧구멍은 자동으로 닫을 수 있다. 위 앞니가 2개뿐이다. 들이마신 숨을 한 곳에 조준해서 뿜을 수 있다. ==쿵쿵 소리는 200m나 떨어진 곳에서도 들린다.==

 청소기 같은 이 곰은 독특한 동물이 많은 포유류 중에서도 특히 독특해요. 이런 식사법을 어떻게 떠올렸는지 신기하죠.

갠지스강돌고래는 정신을 차리고 보니 강에 있었다

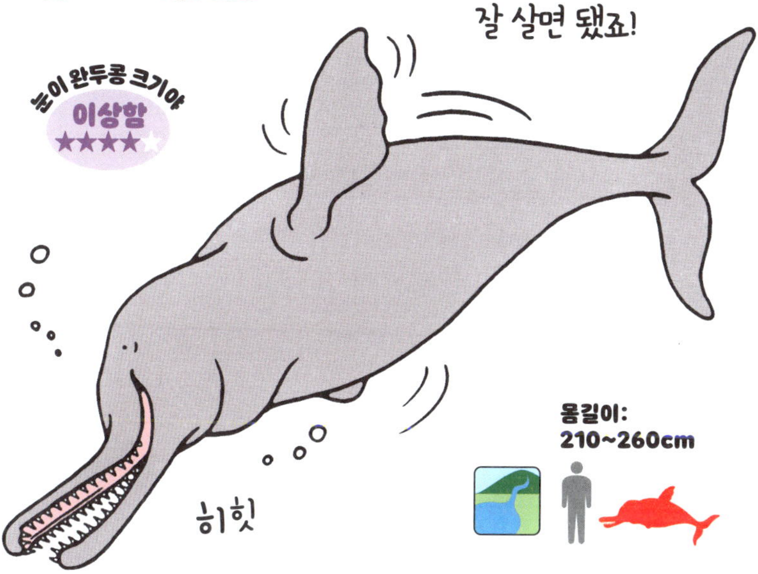

히힛
잘 살면 됐죠!

눈이 완두콩 크기야
이상함
★★★★

몸길이:
210~260cm

히힛

갠지스강돌고래의 조상은 자기도 모르는 사이 강에 도착했다. 대략 1000만 년 전, 남아시아에서 바다가 높아지고 인도 아대륙(인도반도)과 유라시아가 충돌한 부근에 바다가 생겼다. 갠지스강돌고래의 조상은 그 바다에 살았다. 그런데 정신을 차리고 보니 바닷물이 빠져 강이 되었다.

갠지스강은 탁해서 낮에도 어둡다. 갠지스강돌고래의 눈은 제 역할을 하지 못해 5mm 정도만 뜰 수 있다. 눈이 완두콩만 한 크기다. 그래도 갠시스강돌고래는 초음파로 사냥감이나 동료, 장애물의 위치를 알 수 있다. 초음파를 쏘아 장애물을 피하며 먹이는 어디 있는지, 동료는 어디 있는지 찾는다.

바다에 사는 고래나 돌고래는 7개의 목뼈가 합체해 척추로 이어져요. 갠지스강돌고래는 목뼈가 따로따로인 원시적인 형태라 목을 움직일 수 있죠.

사올라는 신비로운 숲의 소녀

털이 긴 뺨에서 냄새를 내뿜어
이상함 ★★★☆☆

후후

몸길이: 150cm

좀 더 친해지면 알려 줄게

<mark>베트남 중부 사냥꾼들 사이에서는 오래전부터 '숲의 소녀'라는 아름다운 염소가 산다는 전설이 있었다.</mark> 사올라는 1993년에 마침내 발견되어 새로운 종으로 인정받았다. 염소가 아니라 신북구에 사는 사향소(44쪽)와 비슷한 동물이다. 500만~100만 년 전에는 이곳에도 사향소의 선조가 살았고 그 일부가 인도차이나 숲으로 도망쳐 살아남았다.

<mark>사향소처럼 눈 아래에서부터 뺨에 걸쳐 냄새를 풍기는 분비선이 있다.</mark> 이곳을 활짝 열어 바위나 나뭇잎에 냄새나는 액체를 묻힌다. 생태에 대해서는 알려지지 않아 수수께끼에 뒤덮인 소녀다.

 여전히 새로운 종이 발견되는 라오스는 육지의 고립된 섬이에요. 빙하기 이후 마치 섬처럼 가로막혔죠. 오지에서 조용히 살아가는 신비한 동물이 있답니다.

수마트라코뿔소는 매머드 동생의 후예

짐승 북한 털이 옛날 동물과 비슷
이상함 ★★★☆☆

몸길이: 240~320cm

과일이 좋아 ♥

코뿔소의 친척은 북아메리카나 유럽에서 진화하고 번성했다. 3000만 년쯤 전에는 사상 최대의 육상 동물 파라케라테리움이 나타났다. 코뿔소의 동족으로 어깨까지 높이가 5.5m, 몸무게는 30t이나 나갔다고 한다.

현재 코뿔소는 멸종 위기종이다. 아시아의 자바코뿔소·수마트라코뿔소·인도코뿔소, 아프리카의 검은코뿔소·흰코뿔소까지 총 5종류만 남았다. 3200만 년 전 유럽은 '코뿔소의 나라'라고 불릴 정도로 코뿔소가 많았다. 수마트라코뿔소는 이때 등장한 '매머드의 동생' 격인 털코뿔소와 같은 계통으로 가장 오래된 종이다. 지금은 100마리 정도만 남았다. 수마트라코뿔소를 살리는 것은 옛 동물을 알기 위해서도 중요한 일이다.

뿔은 털이 한데 뭉쳐 단단해진 것뿐인데 최음제로 쓸 수 있다는 잘못된 믿음 때문에 코뿔소를 사냥했죠. 1980년대까지는 일본에도 뿔이 매년 1t이나 수입되었어요.

빈투롱은 숲의 닌자

숲 속인데 과일이 좋아
이상함
★★★★

몸길이: 61~97cm

ZZZZ

나무에서 떨어지면 아프니까…

빈투롱은 말레이어로 '곰고양이'라는 뜻이다. 하지만 고양이나 곰이 아니고 흰코사향고양이와 함께 사향고양이의 동족이다. 망토와 지팡이 역할을 하는 꼬리를 지닌 동물이라고 보는 학자도 있다.

==빈투롱의 꼬리는 몸과 거의 비슷한 길이다.== 낮에 나무 구멍에서 몸을 말고 잘 때면 꼬리로 몸을 감아 방어한다. 밤에 먹이를 찾아 돌아다닐 때는 꼬리를 나뭇가지에 감아 느린 움직임을 보조한다. ==꼬리를 가지에 감는 성질을 '전요성(纏繞性)'이라고 하는데,== 한자가 어려워서 요즘은 잘 쓰지 않는다. ==이 전요성을 이용해 나무에서 나무로 이동할 수 있어 숲의 닌자 같은 동물이다.==

육식 동물인데 과일을 좋아해요. 원래 고기를 찢는 용도였던 이빨이 작고 둥글둥글해져서 과일을 뭉개는 데 적합해졌죠.

날원숭이는 계속 날다 보니 망토가 생겼다

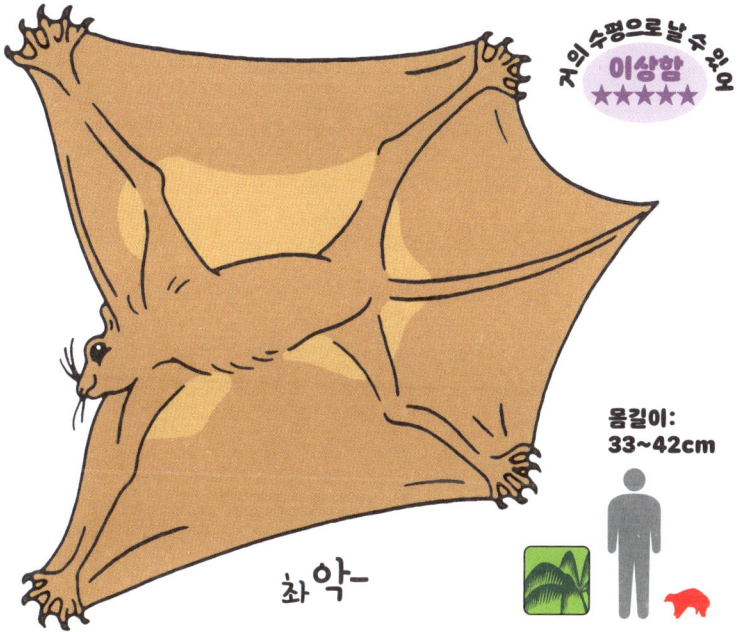

거의 수평으로 날 수 있어
이상함 ★★★★★

좌악-

몸길이: 33~42cm

　　날원숭이는 원숭이가 아니다. 몸에 있는 막을 망토처럼 펼치고 나무와 나무 사이를 날아다니는 동물이다. 한 번에 150m나 날 수 있다. 나무에 머물러 있을 때는 원숭이와 비슷하다. 대략 8000만 년 전, 공룡이 살던 시대의 가장 오래된 영장류와 비슷한 동족들이 진화한 동물이다. 영장류와 자매로 여겨진다.

　　어두우면 날아가려는 나무가 잘 보이지 않는다. 손발을 무턱대고 벌린 채 있다 보니 옆구리 아래의 피부가 발달해 막이 생긴 것이라는 추측이 있다. 날원숭이 이외에 막이 있는 동물도 모두 야행성이며 식물을 먹으니 이 추측이 옳을지도 모른다.

 날원숭이와 카메룬비늘꼬리청서(66쪽), 두더지와 황금두더지(75쪽)처럼 다른 동물인데 비슷하게 진화하는 현상을 '수렴'이라고 해요.

붓꼬리나무두더지는 포유류 최초의 술꾼

흔들 흔들

술을 마신다니
이상함
★★★☆☆

몸길이: 13.4~15cm

나무두더지는 알을 낳는 오리너구리(128쪽)와 아기 주머니가 있는 코알라(127쪽)의 동족을 제외한 포유류의 공통 조상과 가까운 동물로, 세계에 20종류가 있다. 그중에서 밤에 활동하는 종이 붓꼬리나무두더지다. <mark>꼬리 끝에 깃털 같은 털이 자라 흔들흔들 흔들며 곤충을 유혹해 잡아먹는다.</mark> 양손으로 붙잡기도 한다.

붓꼬리나무두더지는 술을 마신다고 알려져 있다. 버탐이라는 야자꽃 꿀을 빨아 먹는다. 꿀에 3.8% 정도 알코올이 들어 있다. 인간만 술을 마신다고 생각하기 쉬운데, <mark>포유류의 조상에 가까운 나무두더지도 술을 마시는 습관이 있다니 놀랍다.</mark>

 알코올이 들어 있는 꿀을 매일 잔뜩 마셔도 취하지 않는 것 같아요. 몸이 알코올을 분해하는 구조로 이루어졌음을 알 수 있죠.

자바애기사슴은 툭하면 놀란다

"사슴 아니거든요?!"

사슴과 많이 닮았어
이상함 ★★★

몸길이: 30~47cm

흠칫

자바애기사슴은 손바닥만 한 크기에 몸무게는 2kg인 사슴…… 이 아니라 사슴보다 더 오래된 애기사슴이라는 종이다. 약 3800만 년 전에 화석이 발견되었고, 사슴이나 기린 같은 모든 반추 동물의 조상에 가까운 동물이다. ==반추 동물은 사슴이나 기린, 소처럼 입을 우물우물하는 동물을 말한다.== 한 번 먹은 풀을 토해서 질겅질겅 씹고 다시 위로 보내 소화한다.

자바애기사슴은 겁이 많아서 툭하면 놀라 나무 그늘에 숨는다. 낮에는 풀숲에 앉아 계속 질겅질겅 씹기만 한다. 밤이나 새벽에 혼자 풀숲을 돌아다닌다. ==늘 움찔움찔 신경질적이다.== 그런 성격 덕분에 자바애기사슴은 적이나 인간에게 들키지 않고 살아남았다.

 신중하고 신경질적이며 겁이 많은 점은 수천만 년 전과 똑같아요. 외모도 그렇고 행동까지 살아 있는 화석으로 남은 귀중한 동물이에요.

코주부원숭이는 코가 인기의 기준이다

코가 너무 길쭉아
이상함
★★★★

몸길이: 66~76cm

부웅-

자, 미남이 이야기합니다 모두 주목!

코주부원숭이는 보르네오섬에만 사는 코가 유난히 긴 원숭이다. 20마리쯤 무리를 이루어 사는데 어른 암컷과 새끼, 어른 수컷 몇 마리다. 잎만 먹는 원숭이 종류 중 하나로, 맹그로브 나뭇잎이나 새싹을 좋아한다. ==수컷은 먹을 때 긴 코를 손으로 들어 올리고 먹는다.==

긴 코는 불편해도 강한 수컷의 상징이다. 클수록 암컷에게 인기가 있다. 보기만 좋은 게 아니라 소리를 울리는 장치로도 쓸모가 있다. ==무리에서 싸움이 벌어지면 수컷은 '부웅' 혹은 '구웡!' 하고 잘 울리는 콧소리를 낸다.== 그러면 소란이 가라앉는다. 소리로 무리의 규칙을 유지한다고 생각하는 학자도 있다.

먹이나 앉기 좋은 나뭇가지를 두고 무리에서 싸움이 벌어져도 수컷이 '부웅' 하고 소리를 내면 잠잠해져요.

베이살쾡이는 살쾡이 진화의 열쇠

모르는게 더 많아
이상함 ★★★

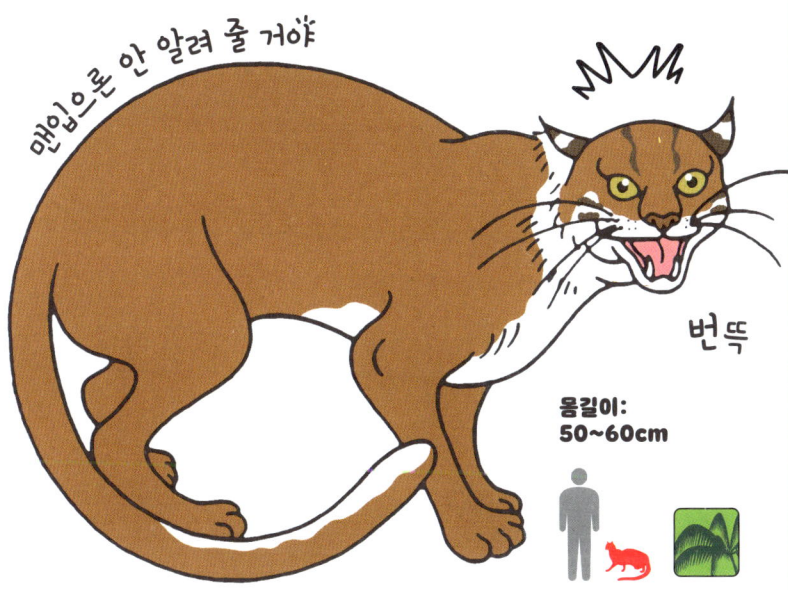

맨입으론 안 알려 줄 거야

번뜩

몸길이: 50~60cm

보르네오섬에만 사는 살쾡이다. 보르네오살쾡이라고도 불린다. 크기는 다르지만 아시아황금고양이와 똑같이 생겼다. 아시아황금고양이도 동남아시아에 사는데 보르네오섬에는 없다. 황금고양이의 조상에 가까운 원시적인 종으로, 섬이 생성되고 주변에서 고립된 덕분에 살아남았을 것이다. 살쾡이 진화의 열쇠를 쥔 아주 중요한 종이다.

그러나 아직 모르는 것이 더 많다. 열대림에서 살쾡이를 조사하기란 어려운 일이다. 고온과 습기, 모기와 거머리, 독이 있는 동물이 있는 데다 살쾡이는 밤낮 가리지 않고 돌아다닌다. 베이살쾡이의 생태를 알아내려면 시간과 노력이 필요하다.

 1990년대 후반에 라오스를 방문했을 때, 베이살쾡이가 있을지도 모른다는 정보를 얻었으나 발견하지 못했어요.

안경원숭이는 밤에 두리번거린다

데굴
데굴

눈알이 거대해
이상함
★★★★★

몸길이:
11.8~14cm

안경원숭이는 눈알원숭이라고 해도 좋을 정도로 눈알이 커다란 원숭이다. 눈알 하나가 3g인데, 뇌와 크기가 거의 같다. 거대한 눈알은 두개골의 움푹 들어간 공간에 딱 맞는다. 그리고 정면만 향한 채 움직일 수 없다. 그 대신에 목을 180°로 돌릴 수 있다. 올빼미와 비슷하다. 안경원숭이는 원숭이답지 않은 원숭이다. 일본원숭이나 침팬지는 낮에 활동하는데 안경원숭이는 야행성이다. 밤마다 목을 데굴데굴 굴리며 먹이의 소리 들으려고 두리번거린다. 소리를 들으면 2m에 가까운 나무와 나무 사이를 점프해 곤충이나 도마뱀, 작은 새, 박쥐를 잡아먹는다. 땅에서 먹이를 잡아도 나무 위로 다시 올라가서 먹는다.

 5000만 년쯤 전, 북아프리카에서 유럽에 걸쳐 안경원숭이의 조상이 번성했어요. 야행성이 아닌 안경원숭이 동종 중 일부가 인간으로 진화했죠.

바비루사는 자기 송곳니에 얼굴을 찔린다

송곳니가 얼굴을 찌르다니
이상함 ★★★

몸길이: 85~105cm

콕! 콕!

아야…

바비루사는 말레이어로 '사슴돼지'라는 뜻이다. 사슴의 뿔 같은 송곳니가 위턱 피부를 뚫고 자랐다. 송곳니 끝은 두 눈 사이에서 곡선을 그리는데, 자기 얼굴을 찌르기도 한다. 원래는 수컷이 힘을 과시하기 위한 장치였는데 길이를 경쟁하다가 점점 더 자란 것이다.

바비루사는 동남아시아의 끝, 오스트레일리아와 경계를 이루는 섬에만 산다. 월리스(13쪽, 149쪽)가 발견했기 때문에 '월리시아'라고 불리는 일대다. 멧돼지 동족은 아시아 대륙에서 기원했는데 바비루사는 오랜 옛날 이 일대의 섬으로 와 살아남은 월리시아의 상징이다.

 송곳니는 위아래 두 쌍 있어요. 수컷의 송곳니는 최종적으로 40cm 이상 자라요. 송곳니로 나무에 매달렸다는 선주민의 구전도 있죠.

우리와 가까운 곳에 사는 이상한 동물

일본 열도는 원래 아시아 대륙의 일부였는데 100만 년 이상 전부터 2만 년쯤 전에 이르기까지 여러 번 떨어졌다가 붙기를 반복했다. 일본 열도는 남북으로 길고 숲이 많아 북쪽에서는 구북구의 추운 지역에 사는 동물이, 남쪽에서는 동양구의 따뜻한 지역에 사는 동물이 이주했다. 여러 지리구를 포함하며, 지형도 높은 산부터 바다까지 다양해서 예전부터 이곳에만 사는 특이한 고유 동물이 있는 동물 천국이다.

약 6500만 년 전

아시아 대륙의 일부였다. 여기에서 섬이 떨어져 나오면서 동해가 생겼다.

약 600만 년 전

화산 활동이 잦아 작은 섬이 생기고 섬과 섬이 연결되기도 했다.

약 2만 년 전

대륙과 떨어지고 붙기를 반복하며 마지막으로 대륙과 연결된 시대다.

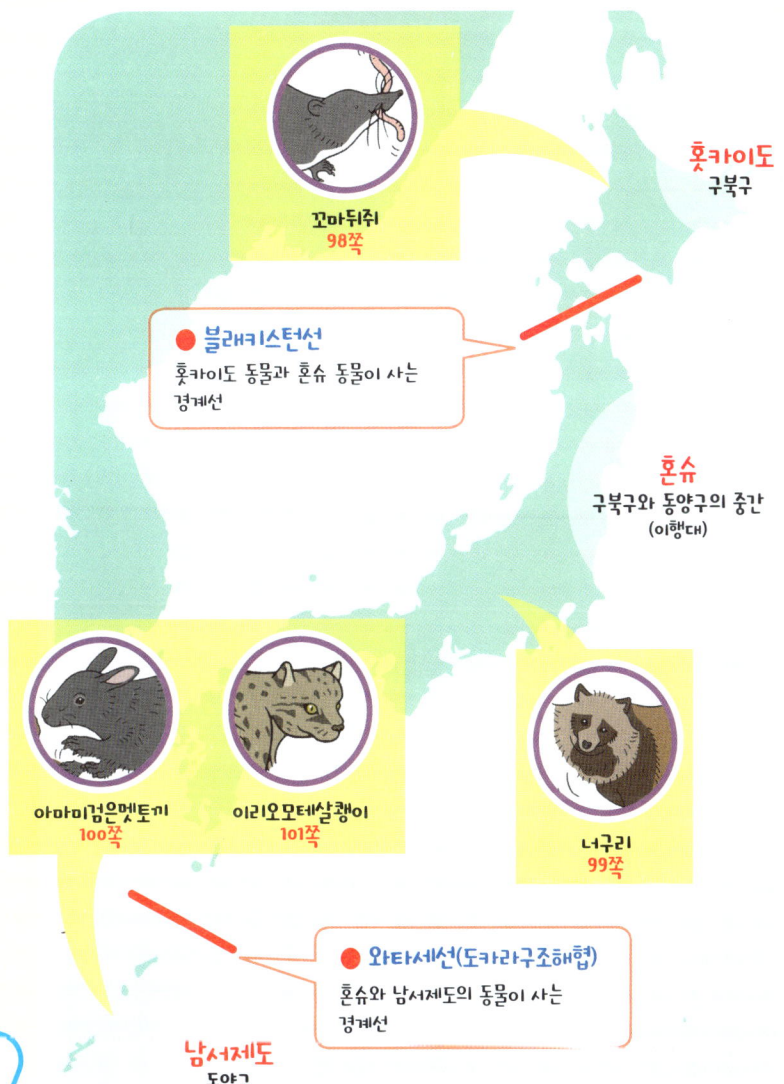

현재 일본 열도가 완성되어 야생 동물이 오가지 못하는 경계선이 생겼다. 일본 열도는 2개의 동물 지리구와 그 양쪽을 포함하는 지역까지 3종류로 이루어졌다.

꼬마뒤쥐는 늘 배가 고프다

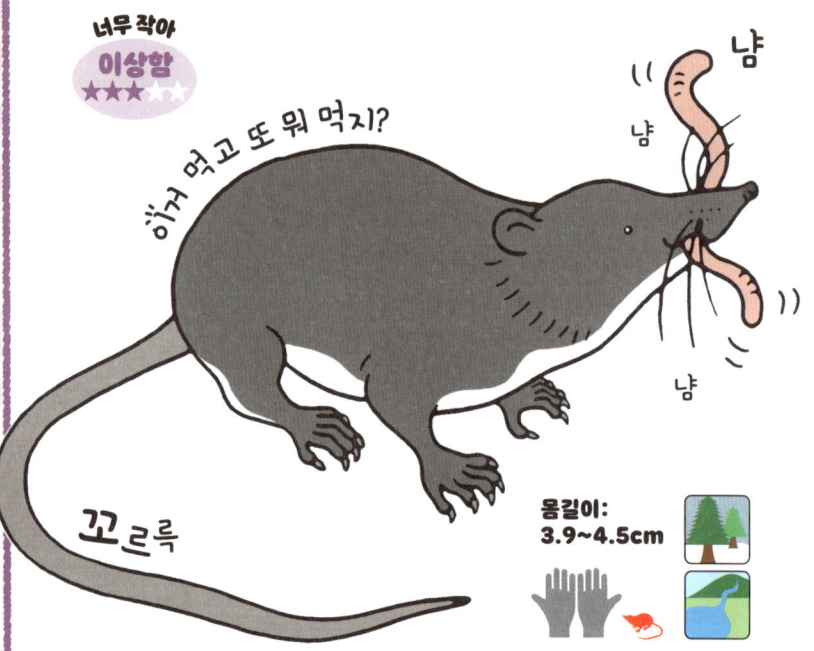

홋카이도에 사는 꼬마뒤쥐는 몸길이가 3.9~4.5cm, 몸무게가 1.5~1.8g이다. 손가락에 올라갈 정도로 작아 세계에서 가장 작은 포유류 중 하나다.
추운 곳에 사는 작은 동물은 계속 먹이를 먹으며 에너지를 만들어야 한다. 꼬마뒤쥐는 하루에 몸무게의 2배나 되는 곤충과 지렁이를 먹는 대식가다. 도쿄땃쥐라고도 불린다. 홋카이도에 사는데 왜 '도쿄'라는 이름이 붙었을까? 1903년에 이 동물을 발견한 영국의 학자 호커가 표본의 이름을 잘못 썼기 때문이다. 홋카이도는 예전에 '에조(Yezo)'라고 불렸다. 호커는 에조를 '에도(Yedo, 도쿄의 옛 이름)'라고 적었다. 그 이름 그대로 대영박물관에 전해지는 바람에 표본의 정식 채집지가 되어 버렸다.

 1998년에 이 동물을 생포해 조사한 적이 있어요. 30분마다 거미나 밀웜을 먹이로 줬답니다.

너구리는 똥으로 이웃과 교제한다

공중화장실 예의 좀…

몸길이: 50~60cm

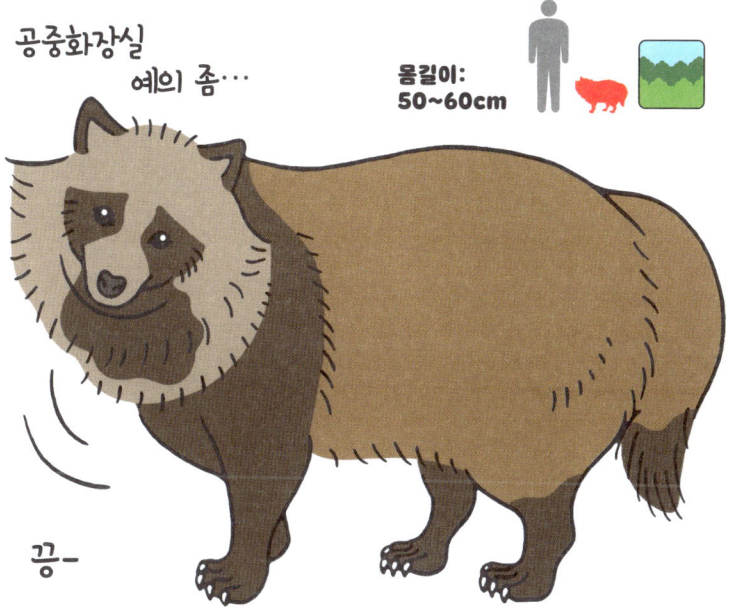

끙-

너구리는 일본 어디에서나 볼 수 있는 동물이다. 그런데 서양에서는 보기 드물다. 둥근 체형, 통통하고 짧은 꼬리, 짧은 다리. 여우나 늑대처럼 개의 동족인데 인상이 참 다르다.

개의 동족은 원래 숲에서 살았다. 평원으로 나와 진화한 동물이 여우와 늑대로, 장거리 달리기에 적합한 늘씬한 체형이다. 너구리는 숲에 남은 원시적인 개의 동족이다. **나무 열매나 벌레를 먹어서 움직임이 느리고 체형도 묵직하다.** 넘불개(114쪽)와 비슷하게 오래된 갯과냐. 너구리는 봄부터 가을까지 육아를 마친 뒤, 너구리끼리 이웃 교제를 시작한다. **이때 이웃인지 아닌지를 공중화장실로 판단한다.** 같은 곳에 똥을 누면 이웃이라고 인정한다.

원시적인 갯과에 너구리와 큰귀여우가 있어요. 1200만 년 전, 북아메리카에서 베링육교(155쪽)를 지나 구세계로 이동했어요.

아마미검은멧토끼는 고대 토끼의 후예

귀엽기보단 부담스러움
이상함 ★★★★

몸길이: 42~51cm

들키면 큰일나니까...

탁 탁

아마미검은멧토끼는 일본 아마미오섬과 도쿠노섬에만 사는 토끼다. 하얗고 귀가 긴 반려동물용 토끼와는 정반대인데, 포유류 세계에서 가장 중요한 동물 중 하나다. 1000만~200만 년 전, 인간의 조상이 등장했던 그 옛날에 살았던 고대 토끼 그룹의 후예로 여겨진다. 후대에 산토끼류라는 생존 능력이 뛰어난 토끼가 등장해 고대 토끼는 대부분 멸종했다.

아마미검은멧토끼는 천적 없는 섬에서 산 덕분에 살아남았다. 요즘은 인간이 데리고 온 몽구스나 고양이, 또 자동차 사고로 멸종 위기에 처했다.

 새끼를 굴에 남겨 두고 다니다가 밤에 젖을 먹이러 돌아옵니다. 적에게 들키지 않도록 입구를 흙으로 덮고 앞발로 탁탁 다지는 습성이 있어요.

이리오모테살쾡이는 원시 고양이의 후예

늠름

그걸 이제야 알았어요?

이빨과 뼈가 매우 원시적

이상함
★★★★

몸길이: 50~60cm

이리오모테살쾡이는 1967년에 발견되었다. 전 세계 박물학자들이 고양이 동족은 조사가 끝났다고 생각했기에 새로운 종이 발견되자 대대적인 뉴스가 되었다.

이리오모테섬은 1000만~200만 년 이상 전에 아시아 대륙에서 떨어져 나왔다. 당시 번성했던 오래된 고양이의 후예가 이리오모테살쾡이로 보인다. 이리오모테살쾡이의 뼈나 이빨은 일반적인 살쾡이나 고양이와 다르다. '메테일루루스'라는, 멸종한 스라소니 농속과 비슷하다. 스라소니의 조상과 비슷한 이리오모테살쾡이는 살아 있는 화석이다. 지금도 이리오모테섬에 살아 있는 이 동물은 고대 동물에 대해 알려 주는 귀중한 존재다.

새로운 종이라고 인정한 박물학자가 저의 아버지였습니다. 당시 저는 생포한 살쾡이를 돌봤죠. 까맣고 늠름했어요.

(((남아메리카 대륙)))
신열대구의 이상한 동물

중앙아메리카 남부와 남아메리카 대륙을 포함한다.
나무늘보나 개미핥기, 오래된 갯과 등
원시적인 동물이 산다.

안경곰의 울음소리는 로로로로~

남반구 대륙에 사는
이상함
★★★☆☆

갸우뚱

안경 쓴 거 처음 봄?

몸길이: 150~180cm

안경곰은 눈 주변에 안경 무늬가 있는 곰이다. ==각자 무늬가 달라 구분할 수 있다.== '로로로로~' 하고 높은 소리를 내면서 운다.
곰은 대부분 북반구에 산다. ==아프리카 대륙에는 곰이 없어서 안경곰은 남반구 대륙에 사는 유일한 곰이다.== 동족은 빙하 시대까지 남북아메리카 대륙에 살았다. 약 300만 년 전, 남북아메리카가 육지로 연결되자 곰 중 일부가 남아메리카로 도망쳤다. 북아메리카에 살던 곰이 좀 더 진화한 큰곰과 경쟁하다가 졌기 때문이다. ==남아메리카 대륙에서는 짧은얼굴곰이라는 강한 곰의 화석이 나왔다.== 안경곰은 이 그룹의 후예다.

 안경곰은 브로멜리아드라는 식물을 좋아해요. 뿌리를 냠냠 먹죠. 뿌리에 물이 고이는데 단 성분이 섞여 아주 맛있어요.

산악맥은 똥을 싸서 산에 꽃을 피운다

새끼는 멧돼지 같아
이상함
★★★

내가 만든 꽃밭♥

몸길이:
180cm

산악맥은 깊은 산속에 산다. 수풀에는 산악맥이 오가는 길이 있는데 반드시 그곳으로만 다닌다. 적은 퓨마와 재규어다. <mark>적과 마주치면 숲길을 도도도 달려간다.</mark> 산악맥의 몸은 거대한 총알 같다. 재규어가 등에 달라붙어도 그 몸으로 숲을 돌진하므로 나무에 걸려 떨어진다.

산악맥의 코는 코끼리보다 짧지만 코끼리처럼 코로 가지를 끌어당겨 나뭇잎이나 싹, 과일을 먹는다. 또 걸으면서 똥을 뿍뿍 싼다. <mark>이 똥이 산 생태계에 중대한 역할을 한다. 똥에 담긴 씨앗이 산 전체로 뿌려져 산의 식물을 풍부하게 해 준다.</mark>

물을 먹으러 강으로 가서 똥을 싸요. 똥에 담긴 씨앗은 강물을 타고 흘러 산 아래까지 가죠. 물을 머금은 씨앗은 싹이 틀 확률도 커져요.

친칠라는 귀여워서 살아남았다

몸길이: 25~35cm

귀염 귀염

튼도 귀여움도 최고
이상함
★★★☆☆

친칠라의 털은 광택이 나고 부드러우며 따뜻해서 예로부터 그 지역 사람들이 옷이나 담요로 사용했다. 친칠라 털의 우수성을 안 유럽인들이 비싼 값어치를 매겼고, 결국 친칠라는 죽임을 당해 수가 줄었다.

20세기에 들어와 멸종 직전에 놓이자 이번에는 보호하려는 움직임이 시작되었다. <mark>1922년, 동물애호가인 한 미국인이 친칠라 11마리를 자기 집으로 데려와 수를 불렸다.</mark> 그때부터 친칠라는 귀여운 반려동물로 인기를 얻어 멸종 위기에서 벗어나 살아남을 수 있었다. 지금은 반려동물 가게나 동물원에서 흔히 보는 친칠라지만 야생에서 사는 수는 적다.

모피 때문에 사냥당하고, 반려동물로 키우려는 인간에 의해 수가 늘어나고⋯⋯. 친칠라의 매력이 널리 알려지면서 운명이 인간 때문에 크게 좌우되었어요.

비쿠냐는 아빠가 되면 힘을 낸다

비쿠냐 우제목 낙타과

위험 경보기! 그것이 리더의 역할!

뱌뱌

털은 '신의 실'이래
이상함
★★★☆☆

몸길이: 120~180cm

비쿠냐는 혹이 없지만 낙타와 동족이다. 남아메리카로 이동한 낙타에서 비쿠냐와 과나코가 나왔다. ==라마의 조상은 멸종했으나 알파카는 비쿠냐에서 나온 종이다.==

젊은 수컷으로만 이루어진 무리와 리더인 수컷과 암컷, 새끼 20마리쯤으로 이루어진 무리가 있다. 젊은 수컷들은 자유롭게 살지만 대가족으로 이루어진 그룹은 자기 영역을 소유하고 리더인 수컷이 1년 내내 무리를 지킨다. 젊은 수컷들과 마음가짐이 다르다.

개나 안데스여우(116쪽), 콘도르가 새끼를 노린다. ==적이 오면 수컷은 암컷과 새끼 앞에 서서 '뱌뱌' 하고 경계하는 소리를 내며 가족을 지킨다.==

털은 '신의 실'이라고 불릴 만큼 품질이 뛰어나요. 코트는 고급 차 1대 가격 정도로 비싸죠. 1마리에서 털을 400g만 얻을 수 있어 야생 비쿠냐는 사냥당해 멸종 직전이에요.

신열대구의 이상한 동물

세띠아르마딜로는 위험하면 돌로 변신한다

둥글 둥글 둥글

등딱지는 피부였어
이상함 ★★★★★

몸길이: 35~45cm

세띠아르마딜로는 거북이로 변신하려다 실패한 쥐처럼 묘하게 생겼다. <mark>걸을 때는 발레리나처럼 발톱으로 서서 걷는다.</mark> 피부가 비늘처럼 딱딱하게 진화한 등딱지는 등뼈 위에 근육으로 붙었고 양옆으로 축 늘어졌다. 배는 평범한 피부다. 갓 태어났을 때는 등딱지도 부드러운 피부다.
<mark>등딱지는 적에게서 몸을 지키는 용도다. 위험하면 땅을 파고 그 안에 몸을 쏙 넣는다.</mark> 또 몸을 공처럼 말아 배부터 먹히지 않게 감출 수 있다. 자기가 돌인 것처럼 위장한다.

거대화한 동족으로 글립토돈이 있는데, 인간이 등딱지를 도구함이나 방패로 쓰려고 잡는 바람에 6000년쯤 전에 멸종했어요.

두발가락나무늘보는 성미가 사납다

목뼈가 6개
이상함
★★★★

에이잇!!

몸길이:
59~71cm

나무늘보에는 두 가지 종류가 있다. 세발가락나무늘보(110쪽)와 두발가락나무늘보다.

두발가락나무늘보는 이름대로 앞발의 갈고리발톱 2개가 특징이다. 세발가락나무늘보보다 덩치가 크고 성미가 거칠며 송곳니도 있다. ==위험을 느끼면 송곳니를 드러내거나 갈고리발톱을 휘두르며 덤빈다.== 열대우림에 살고 둥지는 만들지 않는다. 수면시간은 하루에 20시간 정도다. 코알라(127쪽)처럼 잠을 많이 자는 동물이다.

==1만 년 이상 전에는 나무늘보 동족이 번성했다. 코끼리처럼 큰 큰나무늘보가 땅 위를 돌아다녔다.== 그러나 큰나무늘보는 멸종했고, 나무 위에서 얌전히 잠을 자는 현재의 나무늘보만 살아남았다.

 보통 목뼈는 7개인데 두발가락나무늘보 2종 중에서도 호프만두발가락나무늘보는 목뼈가 6개예요. 진화하는 과정에서 이런저런 일을 겪은 결과죠.

세발가락나무늘보는 죽어도 나무에서 내려오지 않는다

목뼈가 9개
이상함
★★★★★

내려가기 싫은데

똥 마려워…

야…

몸길이: 41~70cm

세발가락나무늘보는 나무늘보 중에서도 특히 움직이지 않는 나무늘보의 왕이다. 자리에서 움직이지 않으려고 일단 무언가를 붙잡으면 여간해선 놓지 않는다. 죽은 뒤에도 그 자리에 매달려 있다는 전설이 생겨날 정도다.
살아 있는 나무늘보를 나뭇가지에서 떨어뜨리기란 쉬운 일이 아니다. 파나마에서 조사를 진행한 미국의 한 학자는 나무늘보를 나무에서 내려오게 할 방법을 찾지 못해 나뭇가지를 톱으로 잘라 떨어뜨렸다고 한다.
그래도 8일에 한 번 화장실에 갈 때는 나무에서 천천히 내려온다. 똥과 오줌을 낙엽으로 잘 감추는 꼼꼼한 면도 있다.

 세발가락나무늘보는 목뼈가 두발가락나무늘보(109쪽)보다 2개 더 많은 9개예요. 270°로 회전할 수 있어 움직이지 않고도 잎을 먹는 에너지 절약형 몸이죠.

킨카주너구리는 술에 취하면 달라붙는다

제가 그랬나요?

긴 혀로 꿀을 할짝할짝
이상함
★★★☆☆

몸길이: 40.5~76cm

기억이 안 나는데…

킨카주너구리는 대체 어떤 동물인지 모를 신기한 모습이다. 원숭이 같기도 하고 족제비 같기도 한데, ==아메리카너구리(라쿤)와 동족이다.== 단, 아메리카너구리처럼 눈가에 무늬도 없고 꼬리도 줄무늬가 아니다.

아메리카너구릿과는 고기를 찢는 이빨을 지닌 식육목 동물인데, 킨카주너구리의 주식은 아보카도나 망고 같은 과일, 그리고 꿀이다. =='허니베어(벌꿀곰)'라는 별명도 있다.==

과즙이나 꿀만큼 알코올(술)도 좋아한다. ==반려동물로 키우는 킨카주너구리는 술에 취하면 난폭해져서 주인에게 달라붙는다고 한다.==

 밤이 되면 빈투롱(88쪽)처럼 긴 꼬리를 나뭇가지에 감고 나무 위를 능숙하게 건너다니며 과일과 꿀을 먹어요.

대머리우아카리는 얼굴이 신호등

화가 난다!

인간 같아
이상함
★★★★

몸길이:
36~57cm

대머리우아카리는 특이하게도 머리가 벗어졌다. 술 취한 아저씨 같은 외모인데, 화가 나면 얼굴이 새빨개져서 빨간 도깨비 같다. 얼굴에 지방이 거의 없기 때문이다. 인간은 얼굴에 지방이 많이 붙었는데, 추운 지역에서 살아남은 시절의 흔적이다.

대머리우아카리가 사는 열대우림은 언제나 따뜻하므로 지방을 잃었다. 얼굴이 빨간 이유는 피의 색이 그대로 보이기 때문이다. 화가 나면 얼굴에 피가 몰려 더 빨개진다. 해를 받아 몸이 따끈따끈해졌을 때도 빨개진다. 체온이 떨어지면 얼굴이 파래져서 건강 상태를 한눈에 알 수 있다.

 우아카리를 포함한 사키원숭이 동족은 중남미에 살아요. 대부분 몸보다 꼬리가 긴데 우아카리는 짧아서 인간처럼 보이죠.

흰얼굴사키원숭이는 약간 어둡고 섬세하다

늘 우울해 보여
이상함
★★★☆☆

제 수염은 소중하니까요…

섬세~

몸길이: 40~45cm

우아카리와 가까운 친척인 사키원숭이가 있다. 왠지 어두워 보이는 얼굴이 특징이며 높은 나무 위에서 가만히 앉아 있을 때가 많다. 얼굴이 신기하게 생겨서 '악마 원숭이'라고도 불린다.

흰얼굴사키원숭이는 사실 거의 목소리를 내지 않는다. 그러다가 갑자기 멀리까지 들리게 큰 소리를 낼 때가 있어서 듣는 사람이 놀란다. 높은 나무 위에 있다가 가끔 낑으로 나뭇가지를 드리운 낮은 나무로 내려와 물을 마신다. 이때 입을 대지 않고 털이 복슬복슬한 손등에 물을 적셔 핥아 먹는다. 수염이 젖는 게 싫어서 그러는 것으로 추측한다.

흰얼굴사키원숭이 새끼는 엄마의 배에 달라붙어 이동해요. 남아메리카에 사는 원숭이 새끼는 태어나면 곧바로 등에 업히는데, 이 역시 특이한 점이죠.

덤불개는 몸통이 길고 다리가 짧다

몸길이: 57.5~75cm

개답지 않은 개
이상함
★★★

땅에서도 강에서도 만능이라고!

덤불개는 개답지 않게 몸통이 길고 다리가 짧다. 축축한 삼림에서 산다. 10마리쯤 무리를 지어 사냥하고 주로 아르마딜로를 잡는다. 자기보다 큰 카피바라나 레아(아메리카타조)도 사냥한다. 강으로 도망치는 사냥감은 헤엄쳐서 쫓아간다. ==발가락 사이에 물갈퀴가 있어서 헤엄은 물론이고 잠수도 할 수 있다.==

갯과 동물의 조상 대부분은 삼림에서 평원으로 이사했다. 빨리 뛰거나 점프하지 않으면 살아남을 수 없으므로 다리가 길고 체형도 날씬하다. 그런데 ==덤불개는 평원으로 이사하지 않고 삼림에 머물렀다. 덕분에 짧은 다리로도 살아남았다.==

몸통이 길고 다리가 짧다고 하면 닥스훈트가 생각나는데요, 닥스훈트는 야생동물이 아니라 가축이죠. 집에서 사는 개는 딩고(129쪽) 같은 동물로부터 만들어졌어요.

큰개미핥기는 온몸으로 흰개미와 싸운다

몸길이: 100~120cm

긴 혀와 벌어지지 않는 입
이상함 ★★★★★

나올 때가 됐는데…?

와르르

큰개미핥기의 주식은 흰개미다. 흰개미는 침과 흙을 섞어 시멘트처럼 단단한 개미굴을 짓는다. 큰개미핥기는 흰개미를 먹을 때, 앞발의 단단한 갈고리 발톱으로 개미굴을 부순다. 개미굴에 뚫린 작은 구멍에 손톱 끝을 걸치고, 못을 뽑듯이 당겨 구멍을 넓힌다. 그러면 흰개미들이 굴을 수리하려고 안에서 나오는데, 그때를 노려 긴 얼굴을 구멍에 박는다. 겨우 2cm 크기인 입을 벌리고 60cm나 되는 긴 혀를 내밀어 흰개미를 핥아 먹는다. 흙도 같이 먹지만 괜찮다. 큰개미핥기는 이빨이 없어서 흙이 흰개미를 부수는 역할을 한다.

 천적은 재규어인데, 재규어는 큰개미핥기 수컷을 무서워해요. 큰개미핥기가 재규어를 안고 발톱으로 배를 가를 때도 있거든요.

안데스여우는 두려운 게 없다

"두려움은 겁쟁이들이나 느끼는 거지!"

흥!

흥!

여우와 늑대의 중간형
이상함
★★☆☆☆

몸길이: 52~120cm

안데스여우의 다른 이름은 '쿨페오'다. ==쿨페오는 칠레어로 '어리석은 것'이라는 뜻이다.== 경계심이 없어서 털을 노리는 인간 사냥꾼이 나타나도 숨지 않기 때문이다.

그래도 어떤 환경에서든 살아가는 늠름한 면도 있다. 사막 지대에서도 표고 4500m 이상인 고지에서도 살 수 있다. 높은 곳을 더 선호한다. 1915년에 인간이 양 방목을 시작하고 외부에서 굴토끼를 데려오면서 안데스여우의 수가 늘었다. ==사육 중인 양을 공격해 피해를 주기도 하지만, 굴토끼를 사냥해 잡아먹기 때문에 굴토끼의 수가 늘지 않도록 생태계 균형을 잡는 역할도 한다.==

'어리석다'라니, 참 실례되는 이름이죠. 남아메리카의 개들은 신비로워요. 여우와 늑대의 중간형으로 독자적인 진화를 이루었어요.

흡혈박쥐는 진짜 드라큘라

"안 아프게 뽑을 테니까 긴장 풀어"

피를 먹고 살아
이상함 ★★★★★

몸길이: 7.5~9.0cm

살금 살금

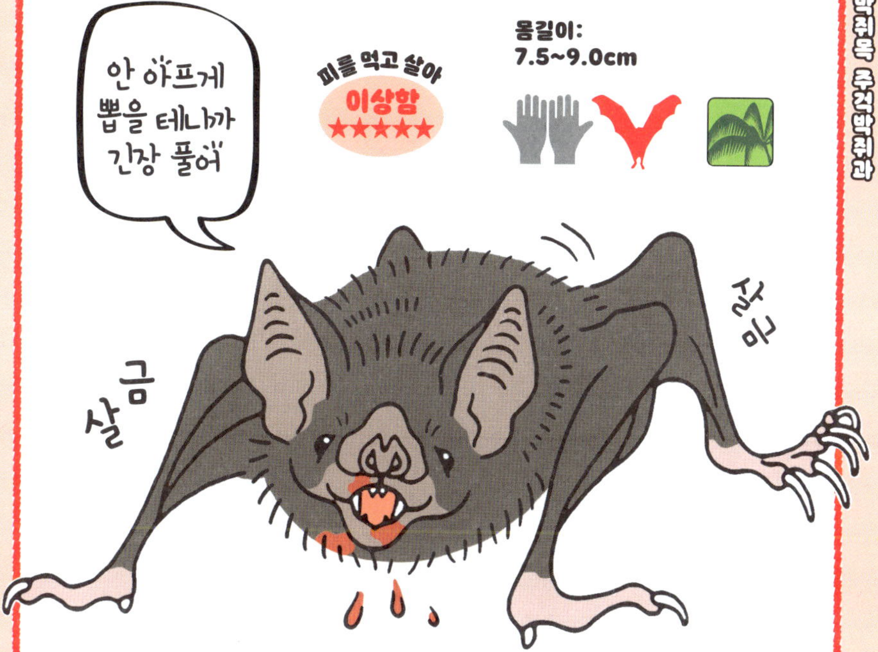

한밤중에 인간을 덮치는 드라큘라처럼 흡혈박쥐는 소나 돼지의 생피를 노리고 밤마다 날아다닌다. 지표 90cm 높이를 소리 내지 않고 펄럭펄럭 날아 사냥감에게 접근한다. <mark>날카로운 면도칼 같은 이빨로 소나 돼지의 부드러운 목이나 가슴 피부를 3x8mm쯤 찢는다.</mark> 상처에서 나오는 피를 혀로 날름날름 핥아 먹는다.

침에는 피를 굳히지 않는 성분이 들어 있다. 모기와 똑같다. 빨아 먹는 동안에는 피가 굳지 않는다. <mark>아프거나 가렵지 않아서 소나 돼지는 피를 빨리는 줄도 모른다.</mark>

흡혈박쥐 이외에 흰날개흡혈박쥐와 털다리흡혈박쥐도 있어요. 가축을 노리는 박쥐는 흡혈박쥐뿐이죠. 다른 2종류는 새의 피를 먹어요.

차코페커리는 동료를 버리지 않는다

멧돼지와 똑같아
이상함
★★☆☆☆

의리!

몸길이: 90~111cm

예전에는 '배꼽멧돼지'라고도 불렸던 페커리는 멧돼지와 똑같이 생겼지만 다른 동물이다.

배꼽이 등에 있다. 이 배꼽은 사실 냄새를 내뿜는 '취선'이라는 기관이다. ==페커리는 취선에서 나오는 냄새로 무리와 대화를 나눈다. 무리끼리 사이가 좋아서 동료를 지키기 위해 강한 적과도 싸운다. 천적인 재규어가 덮치려고 하면, 무리 중 1마리가 재규어와 싸우는 사이에 다른 페커리들이 도망친다.== 무리를 이루어 사는 초식 동물은 일반적으로 약한 개체가 잡힌 사이에 다른 동물들은 도망친다. 그런데 페커리는 자기가 나서서 먹이가 된다.

나이도 성별도 제각각인 4~5마리가 무리를 이루어요. 서로 털 단장을 해 주며 상대의 취선에 목과 어깨를 비벼 냄새를 나누어요.

아마존매너티는 예쁘지 않아서 다행

태평하고 느긋해
이상함
★★★☆☆

콜럼버스 미워…

몸길이: 250~450cm

아마존매너티는 남아메리카 지역에 있는 아마존강에서 산다. 매너티는 남북아메리카 대륙을 발견한 콜럼버스가 발견했다. 카리브해의 히스파니올라섬에 도착한 콜럼버스는 동화에 나오는 인어처럼 생긴 동물, 아메리카매너티와 만났다. 콜럼버스는 항해일지에 이렇게 적었다. '매너티는 예쁘지 않다.' 매너티는 바다뿐 아니라 담수에서도 살 수 있다. 동족인 듀공(142쪽)보다 헤엄치는 속도는 느리다. 성격도 태평하고 느긋하다. 잡으려면 쉽게 잡을 수 있다. 멸종하지 않은 것은 모습이 인어처럼 '예쁘지 않았기 때문'이었을 것이다.

 식용 목적으로 여전히 사냥당해요. 어미를 주로 잡는데, 어미가 죽으면 새끼는 혼자 힘으로 살지 못하니 수가 줄어들죠.

솔레노돈은 붙잡으면 시끄럽고 냄새난다

몸길이: 28~33cm

독뱀 같아
이상함
★★★★

작지만 독하다고!

킁킁
킁킁

남아메리카의 아이티, 쿠바 등지에서 산다. <mark>솔레노돈은 '홈이 파인 이빨' 이라는 뜻이다.</mark> 위턱 정중앙 이빨과 아래턱 앞에서 두 번째 이빨 뒤에 홈이 있다. 전치(앞니) 뿌리에 독이 나오는 선이 있다. <mark>뱀의 독이빨처럼 적을 물고 홈으로 독을 흘려보낸다.</mark>

그런데 신기하게도 갑충(딱정벌레목의 곤충)이나 흰개미를 먹으니 독을 쓸 필요가 없다. 새나 개구리, 도마뱀을 잡기 위한 기관이라고 짐작하지만 확실하진 않다. <mark>적에게 붙잡히면 킁킁 소리를 내며 화를 내고 옆구리 아래나 뒷다리 사타구니의 취선에서 지독한 냄새를 내뿜는다.</mark>

솔레노돈은 멀리 떨어진 아프리카 열대우림에 사는 왕수달땃쥐나 마다가스카르섬에 사는 텐렉과 비슷한 동족으로, 오래전부터 살던 포유류예요.

모니또 델 몬또는 첫 씨앗을 옮긴다

"아르헨티나에는 내가 필요해"

기생목과 돕는 사이
이상함
★★★★☆

몸길이: 8~13cm

배에 아기 주머니가 있는 유대류는 오스트레일리아나 뉴질랜드에만 산다고 생각하는데, 사실 아메리카 대륙에도 원시적 유대류인 주머니쥐가 77종류 산다. 모니또 델 몬또의 조상, 칠레주머니쥐의 화석은 6000만 년 전의 것으로 알려졌다. ==남아메리카뿐 아니라 남극 대륙, 오스트레일리아에서도 발견되었다.== 그 후예가 모니또 델 몬또다. ==모니또 델 몬또는 다른 나무에 기생해서 자라는 식물인 기생목과 사이가 좋은 동물이다.== 보통은 새가 기생목의 끈적끈적한 과일을 먹고 똥을 싸서 씨앗을 옮기는데, 아르헨티나에서는 모니또 델 몬또가 그 역할을 한다.

 북아메리카에 살던 유대류가 남아메리카로 온 뒤, 남극을 통해 오스트레일리아로 건너갔죠. 모니또 델 몬또는 유대류가 어떤 역사를 살아왔는지 알려 주는 산증인이에요.

(((오스트레일리아 대륙)))
오스트레일리아구의 이상한 동물

오스트레일리아와 뉴질랜드를 포함한다.
배에 아기 주머니가 있는
코알라나 캥거루의 왕국이다.

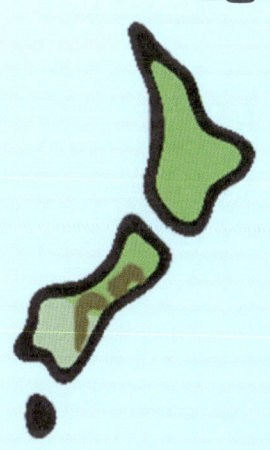

가시두더지 엄마는 늘 힘을 준다

이상함 ★★★★★
알을 낳는데 알이 달라붙어요

흐읍…!

몸길이: 35~53cm

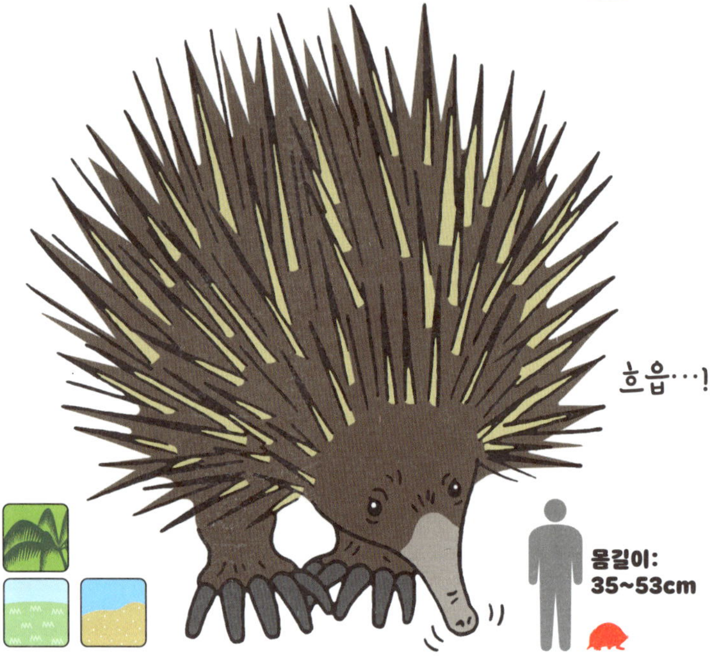

가시두더지는 포유류인데 새나 파충류처럼 알을 낳는다. 수도 딱 하나, 배에 있는 아기 주머니에 알을 낳는다. 그런데 이 아기 주머니가 캥거루의 아기 주머니와는 조금 다르다. 근육에 힘을 꽉 줬을 때 생기는 주름과 비슷하다. 힘이 빠지면 아기 주머니가 사라져 알을 보관하지 못한다. 알에는 공기와 닿으면 끈적끈적해지는 액체가 묻어 있다. 오랜 옛날, 아기 주머니가 없었을 적에는 끈적끈적한 액체로 알을 배에 붙였다. 하지만 금방 떨어진다. 그래서 배를 조여 '주름 아기 주머니'를 만드는 기술이 생겼다.

오리너구리처럼 알을 낳아요. 하나의 구멍에서 똥과 오줌을 싸고 알도 낳아요. 젖은 땀처럼 배에서 배어 나오죠.

푸른눈반점쿠스쿠스의 이름은 '냄새난다'

스컹크에 뒤처지지 않은
이상함
★★★★

"내 꼬리 건드리기만 해 봐!"

몸길이:
34~65cm

쿠스쿠스는 쿡쿡 웃어서 쿠스쿠스라고 불리는 것이 아니다. 현지어로 '냄새난다'라는 뜻이다. 이름대로 수컷은 스컹크에게 지지 않을 정도로 독한 냄새를 뿜는다. 덩치 큰 쿠스쿠스는 아주 난폭하다. 정말인지 확실치는 않은데, 나무에서 내려오게 하려고 꼬리를 잡아당기면 인간을 공중으로 들어 올렸다가 내팽개친다는 이야기가 적힌 책이 있다. 꼬리를 당겨 내려오게 하려는 인간이 더 난폭한 것 같다. 그 지역에서는 쿠스쿠스를 잡아먹는 습관이 있으므로 쿠스쿠스에게 인간은 적이다.
2004년에 발견된 푸른눈반점쿠스쿠스는 밝고 푸른 눈동자를 지녔고 몸에 반점이 있다. 그러나 어떤 동물인지 잘 알려지지 않았다. 야생에서 생활하는 모습을 목격하기 어렵기 때문이다.

뉴기니섬 서쪽에 있는 작은 섬의 숲에서 살아요. 본섬과 육지로 이어졌을 때 건너왔다가 섬이 분리되면서 남았을 거예요.

긴귀반디쿠트의 적은 자기와 꼭 닮은 동물

쥐나 토끼랑 닮았어
이상함
★★★★

야, 거참 토끼 아니라니까!

몸길이: 32~44cm

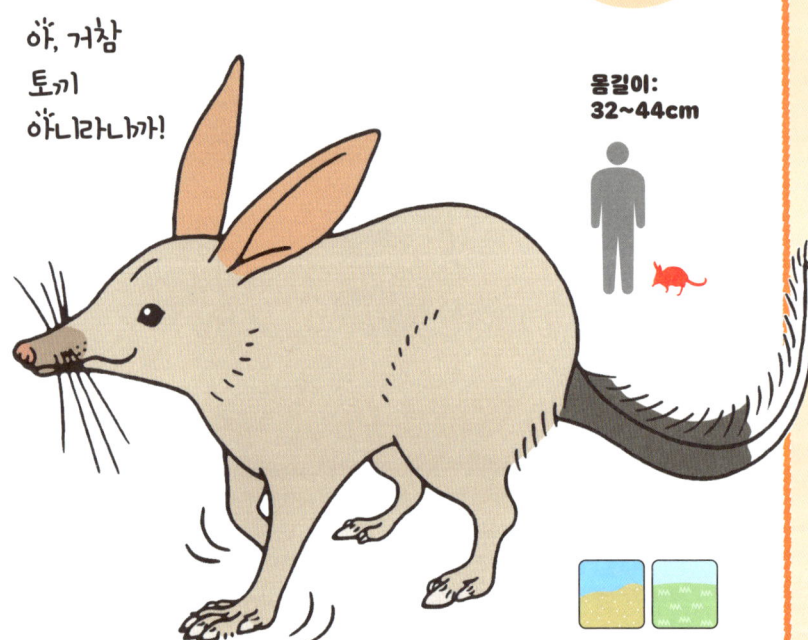

반디쿠트의 동족은 토끼를 퇴치하려는 총이나 덫, 독을 넣은 먹이 때문에 멸종 직전이다. 토끼는 농작물에 피해를 주므로 오스트레일리아에서는 문제 동물이다. 작은긴귀반디쿠트는 이미 멸종했다. 긴귀반디쿠트는 귀가 커서 토끼나 쥐와 어딘지 비슷하게 생겼다.

오스트레일리아에서는 '빌비(애버리지니어로 귀가 큰 쥐)'라고 불린다. 오스트레일리아의 이스터(부활제)에서는 '이스터 바니(토끼)' 대신에 빌비가 상징이다. 토끼와 비슷한 빌비가 토끼 때문에 멸종되다니 슬픈 일이다.

밤이면 활동을 시작해요. 긴 코로 지면을 헤치며 달팽이, 지렁이, 쥐 등을 잡아 먹어요. 오스트레일리아에서는 반려동물로도 인기예요.

코알라는 4시간만 깨어 있다

(자는 거 아님)

독이 든 잎을 먹다니
이상함
★★★★★

몸길이: 60~80cm

코알라는 동물원에도 있는 친근한 동물이다. 귀여운 생김새로 많은 인기를 얻었지만 금방 식고 말았다. '언제 보러 가도 나무 위에서 잠만 자고 움직이지도 않기 때문'이다. 하지만 이 잠만 자는 생활이 코알라에게 중요하다.

코알라가 먹는 유칼립투스 어린잎에는 맹독이 들어 있다. 영양분도 적다. 코알라는 유칼립투스의 독을 천천히 조금씩 분해한다. ==하루 20시간 가까이 자면서 에너지를 절약한다.== 그런 생활 덕분에 코알라는 적은 영양분으로도 살 수 있다.

 유칼립투스는 200종류 가까이 있는데 코알라가 먹는 것은 약 10종류예요. 코알라 1마리가 좋아하는 유칼립투스는 약 3종류로, 어미 배 속에서 먹는 이유식으로 취향이 결정돼요.

오리너구리는 주둥이를 잘릴 뻔했다

오리수달인가!?
이상함
★★★★★

야해쿠

몸길이:
40~55cm

내 주둥이 맞다고요!

수달의 몸에 오리의 주둥이를 붙인 것처럼 생긴 몸이다. ==게다가 파충류처럼 알을 낳고 젖을 먹여 새끼를 키운다.== 오리너구리는 정말 신기한 동물이다. 1798년, 대영박물관의 조지 쇼 박사는 오스트레일리아에서 온 기묘한 모피를 받는다. 박사는 처음에 만든 건 줄 알았다. 당시 세상에는 원숭이 상반신에 물고기 꼬리지느러미를 달아 만든 '동양 인어' 등 인간이 만든 가짜 표본이 워낙 많았다. 박사는 주둥이를 떼어 내려고 모피를 자르기 시작했는데, 중간에 진짜라는 것을 깨달았다. ==자른 흔적이 남은 모피는 지금도 대영박물관에 보존되어 있다.==

포유류는 파충류에서 갑자기 진화한 것이 아니라, 포유류다운 특징이 있는 다양한 것 중에서 지금의 포유류가 나타났어요. 그 증거가 오리너구리죠.

딩고는 요를레이~♪ 노래한다

알쏭달쏭 잘 모르겠어
이상함
★☆☆☆☆

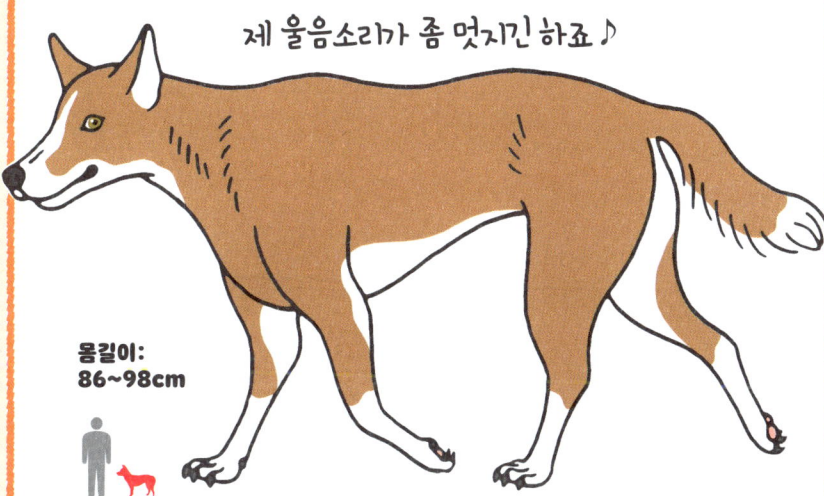

제 울음소리가 좀 멋지긴 하죠♪

몸길이: 86~98cm

오스트레일리아에만 사는 야생 개가 딩고다. 오스트레일리아에 사는 포유류는 대부분 배에 아기 주머니가 있는 유대류다. 18세기에 유럽인이 왔을 때, 유대류 이외의 포유류는 박쥐, 쥐, 딩고뿐이었다. 박쥐는 섬 외부에서 날아올 수 있다. 쥐는 나무를 타고 들어올 수 있다. 그렇다면 딩고는? 개의 원종과 닮았으므로 오스트레일리아 원주민이 약 9000년 전에 데리고 있던 개가 다시 야생화되었다고 추측한다. 딩고는 멍멍 짖지 않는다. 대신에 '아우' 울부짖거나 '킁킁' 콧소리를 낸다. 뉴기니에 사는 파푸아딩고는 영어로 '노래하는 개(싱잉 도그)'다. 알프스의 요들송을 부르듯 멋지게 노래한다.

딩고 다음에 오스트레일리아에 온 개가 들개화되어 딩고와 섞이면서 지금의 딩고가 되었어요. 조상을 특정하긴 어렵겠어요.

흰띠쥐캥거루는 토끼와 사이가 좋다

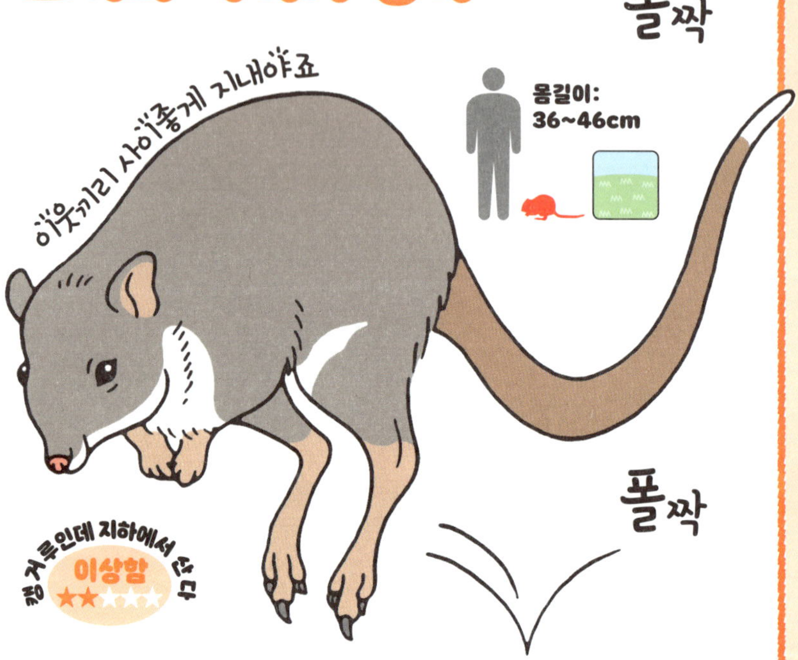

이웃끼리 사이좋게 지내야죠

몸길이: 36~46cm

폴짝

폴짝

쥐캥거루인데 지하에서 산다
이상함
★★☆☆☆

쥐캥거루는 거대한 시궁쥐와 닮은 원시적인 캥거루다. 풀밭에서 살고, 낮에는 풀숲이나 통나무 굴, 바위 그늘에서 쉰다. ==둥지 재료를 옮길 때는 풀을 꼬리로 말아서 옮긴다.==

쥐캥거루 동족 중 가장 독특한 동물이 흰띠쥐캥거루다. ==쥐캥거루 중에 유일하게 지하에서 산다.== 개와 마주치면 얼른 굴로 도망친다. 직접 판 굴일 때도 있고, 굴토끼가 파서 사는 굴이기도 하다. ==가끔은 굴토끼와 사이좋게 같이 살기도 한다.== 캥거루답지 않은 캥거루다.

캥거루의 동족은 대략 85종이에요. 캥거루과와 쥐캥거루과로 크게 나뉘죠. 쥐캥거루과는 원시적인 캥거루예요.

꿀주머니쥐는 마치 곤충 같다

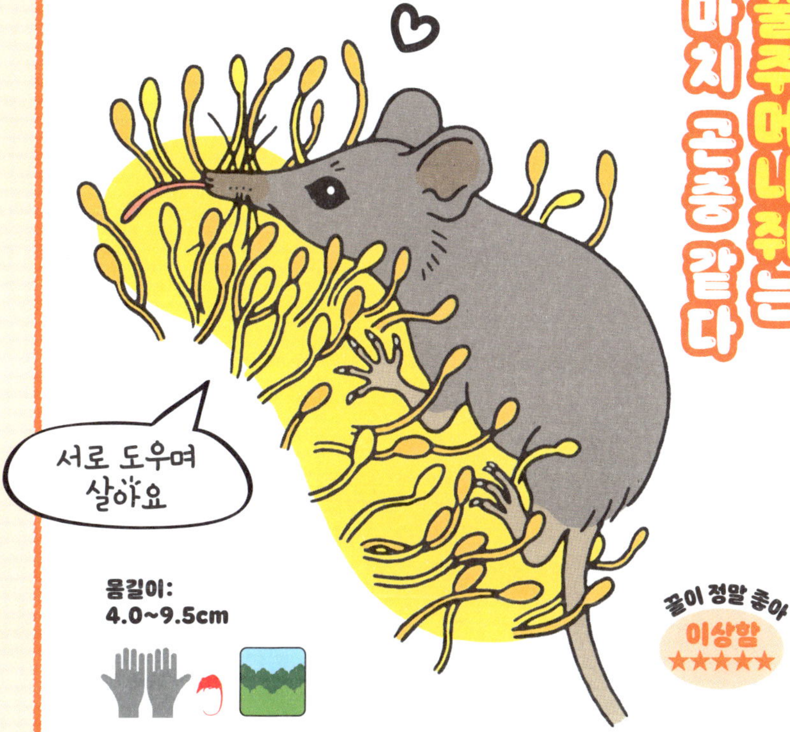

"서로 도우며 살아요"

몸길이: 4.0~9.5cm

"꿀이 정말 좋아"
이상함
★★★★★

꽃가루와 꿀만 먹는 곤충 같은 포유류가 바로 꿀주머니쥐다. 몸길이도 큰 사슴벌레와 비슷한 크기인 평균 6cm다. 손바닥에 올라가는 사이즈인데 캥거루와 같은 캥거루목이다.

꿀주머니쥐는 뱅크시아라는 식물과 협력하며 산다. 꿀주머니쥐는 뱅크시아의 꽃가루와 꿀을 먹고 사는데, 뱅크시아는 꿀주머니쥐가 꿀을 먹으러 올 시기에 꽃을 피운다. 꿀주머니쥐는 몸에 묻은 꽃가루를 다른 꽃으로 가지고 가 뱅크시아의 꽃가루받이를 돕는다. 꿀주머니쥐는 꽃을 찾아 하룻밤에 500m나 돌아다니므로 꽃가루를 멀리 있는 꽃까지 옮길 수 있다. 또 뱅크시아 꽃은 커서, 작은 꿀주머니쥐가 적으로부터 몸을 숨길 수도 있다.

갓 태어난 새끼의 크기는 포유류 중에서 가장 작다고 해요. 몸무게가 겨우 0.005g이라고 합니다. 쌀알 정도죠.

쿼카는 웃고 있지만 필사적이다

아이돌 같은 미소
이상함
★★★☆☆

살 곳이 없어요…

몸길이: 40~54cm

워낙 귀여워서 인기 최고인 쿼카. 생글생글 웃는 얼굴이지만, 쿼카가 처한 상황은 심각하다.

1930년대까지 쿼카는 어디에서나 살았다. 그런데 행복하게 살던 초원이 개발되고 쿼카의 천적인 여우나 들고양이가 늘어났다.

==쿼카는 새끼를 많이 낳아 살아남았다.== 암컷은 거의 1년 내내 새끼를 낳을 수 있다. 새끼를 배 주머니에서 키우면서 다음 새끼를 만든다. 첫 새끼가 건강하면 다음 새끼는 태어나지 않는다. 죽으면 다음 새끼가 태어난다. 그런데 새끼가 태어나도 살 곳을 빼앗겨 살 수가 없다. 여전히 ==멸종 위험이 큰 동물이다.==

 위험을 느껴도 캥거루처럼 싸우거나 도망치지 않아요. 덤불에 만들어 놓은 터널을 빠른 속도로 달려가죠.

태즈메이니아데빌은 악마지만 새끼에게는 다정하다

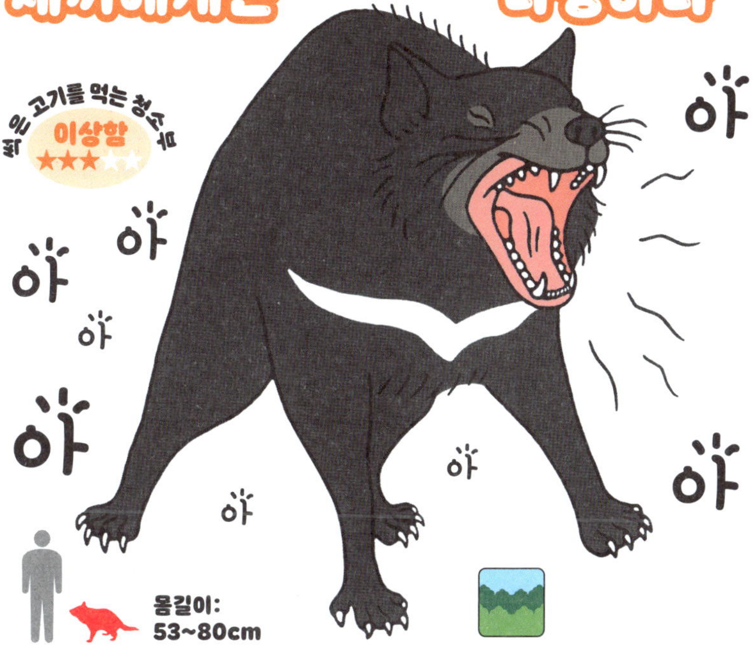

썩은 고기를 먹는 청소부
이상함 ★★★

몸길이: 53~80cm

태즈메이니아데빌은 대형견처럼 생긴 동물이지만 새까맣고 성질이 난폭하며 소름 끼치는 울음소리를 낸다. ==악어처럼 강한 턱으로 자기 몸무게의 절반은 되는 먹이를 30분 만에 먹어 치우기 때문에 '태즈메이니아의 악마'라고 불린다.==

수컷과 암컷이 짝을 이루고 교미할 때까지 2주간, 수컷은 암컷을 둥지에 가둔다. 교미하면 이번에는 암컷이 반격한다. 으르렁거리며 수컷을 물고 내쫓기도 한다. 새끼가 주머니에서 어느 정도 자란 뒤에도 부드러운 풀을 깐 둥지에서 키운다. ==주머니와 둥지 양쪽에서 새끼를 키우는 것은 유대류치고 드문 일이다.== 새끼에게는 다정한 '악마'다.

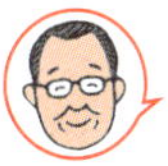

태즈메이니아주머니늑대가 멸종한 지금, 유대류의 최대 육식 동물이에요. 스캐빈저(시체를 먹음)지만 사냥도 해요.

두건물범은 코로 초롱불을 만든다

까맣고 빨간 초롱불 **이상함** ★★★★

몸길이: 약 350cm(수컷)

북대서양

내 코를 보라고!

두건물범의 '두건'은 겨울철 파카 같은 '후드'를 말한다. 수컷이 공기를 들이마시면 까맣고 큰 코가 부푸는데 그 모습이 마치 후드를 쓴 것처럼 보여서 이런 이름이 붙었다. 파트너를 찾을 때는 초롱불을 사용한다. ==콧속 피부를 뒤집어 부풀려 새빨간 초롱불 코를 만든다.== 다른 수컷과 코를 비교하며 암컷에게 뽐낸다.

새끼의 모습도 다른 동물과 다르다. ==얼음 위에서 태어나는 다른 물범 종류의 새끼는 털이 하얘 적에게 잘 발각되지 않지만, 두건물범의 새끼는 푸른빛이 감도는 회색이다.== 이유는 아직 모른다.

 콧속에 코를 나누는 좌우 칸막이가 있어요. 한쪽 콧구멍을 닫고 공기를 들이마시면 부드러운 막이 초롱불처럼 되어 콧구멍에서 튀어나와요.

바다코끼리는 송곳니 지팡이를 짚는다

북극해 **북태평양**

몸길이: 290~320cm(수컷)

조상은 곰과 같대
이상함
★★★★

"나는 바다에 있을 때 가장 멋져!"

북태평양에 사는 북극권 사람들은 옛날부터 바다코끼리를 식량과 기름을 제공하는 소중한 자원으로 생각해 멸종하지 않도록 조심하며 사냥했다. 그런데 북대서양 쪽 유럽인들과 아시아인들, 북아메리카에서 온 사람들은 멋진 송곳니를 노리고 마구잡이로 잡아 댔다. 수가 가장 줄어들었을 때는 약 3만 마리 정도였다. 현재 북태평양에 약 26만 마리가 사는데, 북대서양 쪽의 수는 회복하지 못했다. ==송곳니는 북극곰이나 수컷끼리 싸울 때 사용하며, 바위나 얼음을 탈 때나 해저를 지날 때도 지팡이처럼 꽂고 사용한다.==

진화 관점에서 보면 물범보다 바다사자와 비슷한 종류예요. 바다사자는 곰과 같은 조상에서 분리되었는데, 거기에서 더 갈라진 것이 바다코끼리죠.

큰바다사자는 바다의 갱

"친구 만나러 수족관에 가야 한단 말이야"

몸길이: 약 320cm(수컷)

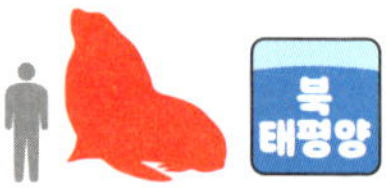

북태평양

바다사자의 덩치 큰 동족
이상함
★★☆☆☆

바다사자 동족 중 가장 덩치가 큰 큰바다사자다. 가을부터 겨울에 걸쳐 일본 홋카이도 연안에도 찾아온다. 그물에 잡힌 연어, 임연수어, 대구, 가자미 같은 물고기를 훔쳐 먹어서 '바다의 갱'이라고 불린다. 그래서 총에 맞기도 한다.

큰바다사자는 북태평양에만 사는 신비한 동물이다. 수가 줄어들고 있어 멸종 위기종으로 지정해 보호 중이다. 러시아의 조사에 따르면, 일본에서 잡기 때문에 수가 줄어든다고 한다. 홋카이도 오타루시의 오타루 수족관에는, 사육하는 큰바다사자의 울음소리를 듣고 야생 큰바다사자가 울타리를 넘어 찾아오기도 한다. 그렇게 찾아온 큰바다사자는 보호한다.

큰바다사자는 바다의 포식자예요. 큰바다사자가 줄어들면 물고기 수가 늘어나 바다의 생태계 균형이 깨져요. 잡을 것인가 보호할 것인가, 진지하게 생각해야 합니다.

일각돌고래의 뿔은 너무 자란 송곳니

몸길이: 약 450cm (송곳니 제외)

북극해

이런 송곳니는 처음 보지!?

뾰족
뾰족

뿔이 아니라 송곳니야
이상함 ★★★★

'북극해의 유니콘'이라고 불리는 일각돌고래. 수족관에서 인기 있는 벨루가(140쪽)의 동족이다. 일각돌고래도 벨루가도 목이 잘 돌아가고, 수컷이 암컷보다 50cm쯤 더 크다는 공통점이 있다. 벨루가 무리에 젊은 일각돌고래가 섞여 헤엄친 예도 있다.

일각돌고래는 유니콘처럼 머리에 뿔이 자랐다. ==사실 이건 뿔이 아니라 송곳니다. 송곳니 2개 중 하나만 길게 자랐다.== 길이는 3m, 무게는 10kg이나 나가는 송곳니도 있다. ==송곳니의 역할은 수컷의 힘을 과시하고 물고기를 때려잡거나 얼음을 깨는 용도라고 알려져 있다.== 파트너를 찾으려고 초음파를 낼 때 쓴다는 추측도 있다.

 일각돌고래의 송곳니 표면에는 작은 구멍과 신경이 아주 많아요. 송곳니로 주변 상황을 감지하지 않을까 추측해요.

벨루가의 수다는 땡그랑땡그랑

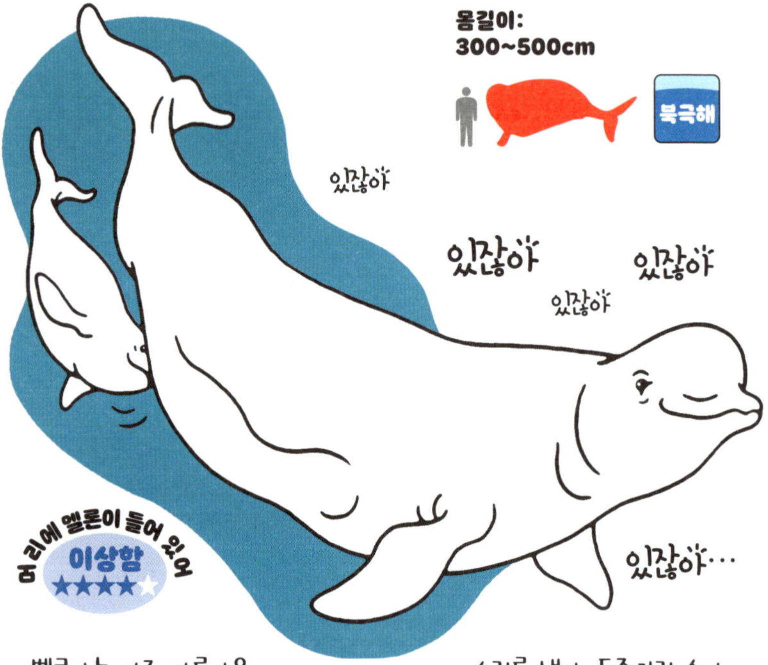

몸길이: 300~500cm

북극해

있잖아 있잖아 있잖아 있잖아 있잖아...

머리에 멜론이 들어 있어요
이상함 ★★★★☆

벨루가는 아주 아름다운 소리를 낸다. 동족끼리 수다를 떨기도 하고 물고기나 게를 찾을 때도 소리를 낸다. 그런 습성 때문에 '바다의 카나리아'라는 별명이 있다.

<mark>눈에 띄는 둥근 이마 안에는 '멜론'이라고 불리는 지방 덩어리가 들어 있다.</mark> 주변 근육을 써서 이 덩어리를 다양한 형태로 만들어 음색을 바꾼다. 그 소리는 바닷속에서도 인간의 귀에 들린다. <mark>'모오' '츄츄' '피피' '땡그랑땡그랑' 아주 활기차고 즐거운 소리다.</mark>

벨루가의 목은 좌우 90° 가까이 돌아간다. 그래서 얼음 아래의 비좁은 공간을 헤엄칠 때도 장애물을 살피며 지나갈 수 있다.

여름에는 무리를 이루어 하구에 모여요. 강바닥의 석회암에 몸을 비벼 오래된 각질을 떨어뜨리기 위해서죠. 며칠에 걸쳐 새하얀 피부로 다시 태어나요.

하와이몽크물범은 느긋한 도련님

가장 원시적인 물범
이상함
★★★☆☆

몸길이: 약 210cm(수컷)

태평양

"뜨끈하니 좋구먼"

으어~
으어~
으어~

'몽크'란 기독교 수도자를 말한다. <mark>몽크물범의 머리 형태가 동글동글해 수도자처럼 보여서 붙은 이름이다.</mark> 몽크물범은 따뜻한 바다에서 산다. 물범은 보통 얼음 바다에서 살기에 따뜻한 바다에 사는 것만으로도 신기한 동물이다. 하와이몽크물범의 조상은 지중해·카리브해·남북아메리카 사이의 바다를 지나 하와이제도로 왔을 것이다. 그 후, 지각 변동이 일어나 대서양과 태평양이 분리되었다. <mark>하와이제도는 따뜻해서 지내기 편하니 하와이몽크물범은 원시적인 형태 그대로 문어를 먹으며 느긋하게 살았다.</mark>

 따뜻한 바다에 살던 다른 물범은 돌고래 동족이 진출하면서 살 곳을 잃어 추운 바다로 쫓겨났을 거예요.

듀공은 육지에서 바다로 도망친 인어

조상은 코끼리와 같아
이상함
★★★★

몸길이: 240~270cm

서태평양 / 인도양

나는야 평화주의자~

미군 후텐마 비행장의 이전 설치 지역으로 지정되어 매립 예정인 오키나와현 나고시 헤노코 앞바다는 듀공이 머무는 몇 안 되는 곳이다. 이 바다에 자라는 거머리말은 지역 사투리로 '잔구사'라고 불린다. '듀공의 풀'이라는 뜻이다.

현재 듀공은 오키나와 외에 오스트레일리아 등 산호초가 있는 바다에 살며 얕은 바다의 거머리말이나 잘피 같은 식물을 먹는다. '바다의 인어'라고 불리는 얌전한 동물로, 적을 공격할 무기가 없다.

듀공의 동족은 코끼리나 하이랙스(74쪽)처럼 발굽이 있는 조상에서 갈라져 나왔다고 본다. 경쟁에 지고 우연히 바다로 온 덕분에 멸종에서 살아남은 동물의 후예다.

 얕은 바다에서 살아 깊이 잠수하거나 빨리 헤엄치거나 오래 헤엄치는 힘도 부족해요. 무기나 어선에 대항하지 못해요.

귀신고래는 불쑥불쑥 고개를 내민다

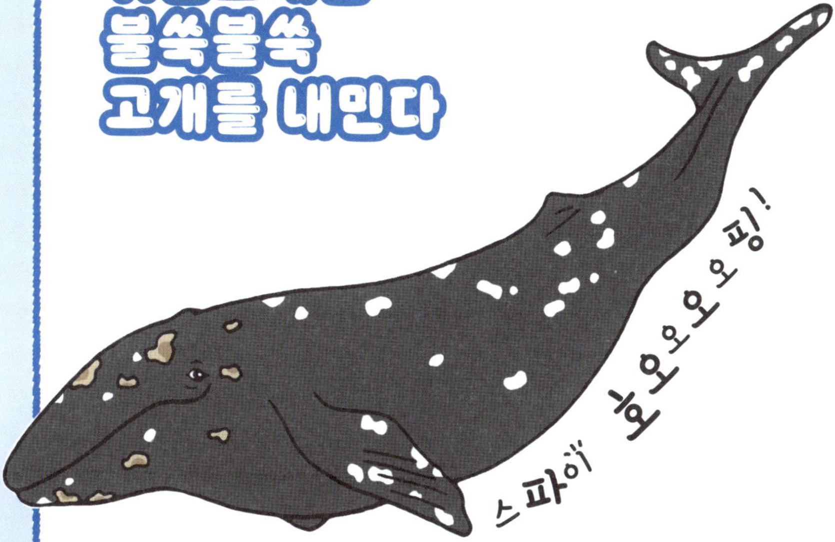

스파이 호오오오핑!

몸길이:
12~14m(수컷)

북태평양

긴 거리를 헤엄치네
이상함
★★★★

귀신고래는 몸길이가 12~14m나 되는 고래다. 캘리포니아 연안에서는 귀신고래 관찰이 인기다. 귀신고래는 바다에서 불쑥 고개를 높이 내밀었다가 잠수하는 '스파이 호핑'을 반복한다. 수면에서 불쑥, 삼각형 머리를 눈까지 내밀어 물가 위치를 확인하고 주변 상태를 살펴 진행 방향을 파악한다.

귀신고래는 북태평양과 북대서양에 살았는데, 북대서양에 사는 귀신고래는 1700년대 초 '포경' 때문에 사라졌다. 북태평양의 귀신고래는 간신히 살아남았으나 일본 주변 바다에 겨우 100마리만 남아 있다는 보고도 있다.

 귀신고래는 2만 2500km나 되는 장거리를 헤엄친다고 알려졌어요. 혹등고래의 1만 6400km 기록을 넘어섰죠.

남방코끼리물범은 나팔로 승부를 겨뤄 결혼한다

싸우지 않는 큰 코
이상함
★★★★

이 구역 최고 인기남은 나야!

몸길이: 약 490cm(수컷)

남극해

남방코끼리물범은 이름대로 코끼리처럼 크다. 덩치 큰 수컷은 몸길이가 6m, 몸무게가 4t이나 나간다. 코가 참 특이하게 생겼는데 용도가 뭘까? 학자들은 열심히 연구해 수컷끼리 싸울 때 콧등을 보호하기 위해 그런 형태가 되었다고 추측했다. ==그런데 조사해 보니 크고 강한 수컷일수록 코를 써서 나팔처럼 큰 소리를 낸다는 걸 알았다.==

약한 수컷은 암컷에게 접근하려고 늘 기회를 노린다. 그러나 암컷 무리를 거느리는 대장 수컷의 소리를 듣기만 해도 겁을 먹고 도망친다. ==서로 다치지 않고 싸움을 그만둘 수 있다.==

강한 수컷은 수십 마리의 암컷을 거느리고 하렘의 대장이 돼요. 하렘을 만들지 못하는 수컷은 대장이 보지 않을 때 암컷을 빼앗으려고 하죠.

얼룩무늬물범은 기다리는 사냥꾼

게 섰거라!

정말 사나워
이상함
★★★☆☆

몸길이: 300cm(수컷)

남극해

몸에 표범 같은 반점이 있는 얼룩무늬물범은 게잡이물범이나 남극물개, 아델리펭귄이나 황제펭귄 등을 잡아먹는 사나운 육식 동물이다. 남극에서 범고래 다음으로 강한 동물이다.

펭귄을 사냥하려고 떠다니는 얼음 주변을 순찰한다. 얼음 위 펭귄을 발견하면 펭귄이 바다에 완전히 들어올 때까지 잠수해서 기다린다. 펭귄이 바다로 뛰어들면 그때 공격한다. 펭귄을 해수면에 여러 번 내동댕이치고 먹는다. 추운 남극에서 새끼를 키우는 펭귄들에게는 아무리 자연의 섭리라도 슬픈 일이다. 새끼를 키우는 펭귄 부모가 돌아오지 못할 때가 있는데 얼룩무늬물범에게 먹혔을지도 모른다.

여름이면 수컷은 큰소리로 매일 몇 시간씩 울며 '여긴 내 영역이야!'라고 외쳐요. 한편 암컷은 얌전해서 새끼를 부를 때만 울죠.

좀 더 자세히 설명해 볼까!

포유류는 어떤 생물일까?

 선생님, 이 책에는 이상한 동물이나 신기한 동물이 많이 나오네요.

 '동물'은 동물이지만 이 책에 나오는 동물은 모두 '포유류'란다.*1

 포유류는 고양이나 개나 인간이죠?

 그래, 포유류는 하나의 큰 그룹이야. 공통적인 특징이 여럿 있는데 이 세 가지를 기억해 두자꾸나.

1. 새끼가 젖을 먹는다.
2. 몸에 털이 난다.
3. 체온이 거의 일정하다.

포유류 새끼는 어미의 젖을 먹고 자란단다. 젖이 나오는 유선은 땀이 나는 땀선이 변화한 거야. 새끼는 직접 먹이를 찾지 않아도 되는 만큼 다른 동물에게 잡아먹힐 걱정이 없지. 덕분에 살아남을 확률이 커. 몸에 털이 나서 추위에도 강하지. 더울 때는 땀을 흘려 몸을 시원하게 할 수 있어서 기온의 영향을 많이 받지 않고 거의 일정한 체온을 유지할 수 있어(항온동물).*2

---

*1 본래 '동물'이라는 말은 자유롭게 움직여 다른 생물을 먹을 수 있는 생물 전체를 가리킨다. 물고기도 새도 아메바도 지렁이도 모두 동물이다. 포유류는 몸이 좌우대칭이고 척추가 있는 동물 중 하나다.

*2 체온이 변화하는 포유류도 있다. 멸종한 포유류까지 포함하면 원시적인 동물에는 예외가 많다. 따라서 체온 유지가 절대적인 특징은 아니라고 볼 수 있다.

포유류는 언제부터 지구에 있었어요?

 약 2억 2500만 년 전, 거대 공룡이 번성했던 중생대에 포유류가 나타났어. 이 당시 포유류는 두더지나 땃쥐처럼 체구가 작았지. 공룡이 지구를 활보했으므로 바위틈에 숨어 있거나 밤에 활동하면서 공룡의 발아래에서 졸졸 돌아다니며 조용히 살았어.

그런데 지구에 소행성이 충돌하고 지구 온도가 내려가자 빙하기라는 추운 시대가 시작되었어. 공룡은 기온이 높을 때는 괜찮은데 기온이 낮아지면 상태가 나빠지는 동물(불완전 항온동물)이었지. 공룡이 멸종한 이유는 다양하지만 빙하기 때 너무 추워서 살아남지 못했다고 본단다.*³ 공룡이 사라진 덕분에 조류와 포유류가 지상으로 진출했어.*⁴

 포유류는 추워도 살아남을 수 있었어요?

 그래. 포유류는 아까 소개한 세 가지 특징을 갖춘 고기능 신체 덕분에 추운 곳에서도 괜찮았단다. 아니, 추위뿐만 아니라 다양한 환경에서 살아남을 수 있었지.

 다양한 환경이요?

 적도 바로 밑인 더운 곳부터 북극이나 고산 지대같이 몹시 추운 곳, 또 바다나 강까지 사는 지역을 넓힐 수 있었어. 열대우림에 사는 오

---

*³ 공룡(불완전 항온동물)이 한랭화로 멸종했을 때, 포유류와 조류(항온동물)나 도마뱀·개구리·어류(변온동물) 등은 대부분 멸종하지 않았다.

*⁴ 공룡이 멸종한 뒤에는 포유류처럼 체온이 일정한 조류도 지상으로 향했다. 포유류와 조류끼리 지구의 왕좌를 놓고 전쟁을 벌였다. 그 결과 조류가 하늘, 포유류가 땅에서 번성했다.

랑우탄도, 북극에 사는 북극곰도, 바다에 사는 고래도…….

 모두 포유류네요?

 세 가지 특징 덕분에 사막처럼 혹독한 곳에서도 살아갈 곳을 찾아 생명을 이어 갈 수 있었단다. 세계 여기저기에서 번성할 수 있었어.

있지? 하지만 동물에게는 국경이 없어. 동물에게는 그 동물이 사는 범위(분포)가 있단다. 그걸 나타내는 지도야.

 그래서 동물세계지도구나.

 예를 들어 오스트레일리아에는 배에 아기 주머니가 있는 유대류, 마다가스카르섬에는 독특한 원숭이가 많이 살아. 유라시아 대륙에는 곰과 사슴이 어디에나 살지만 아프리카에는 곰도 사슴도 없지.

동물에게는 동물세계지도가 있다

 동물에게는 '동물세계지도'가 있어. 동물이 어디에 있는지 나타내는 동물지리구라는 분포도야.[*5] 인간에게는 나라별로 국경이 있고 세계지도에는 나라 이름이 적혀

 정말이네! 왜 그래요?

 장소에 따라 그곳에 사는 동물 종

[*5] 지구상의 동물 분포를 파악해 만든 동물지리구와 식물 분포를 파악해 만든 식물지리구 등이 있다. 구분 방식은 각각 다르다. 또 이를 바탕으로 만든 생물지리구도 있다. 어떤 생물을 기준으로 했는지에 따라 분류법이 달라지고 지리구도 조금씩 달라진다.

그전에는 세계에 다양한 동물이 사는 줄 몰랐어요?

그랬지. 기린이나 코끼리도 당시 유럽인에게는 미지의 동물이었어. 이상한 동물이 다 있다고 어리둥절했지. 그래서 동물을 연구하기 시작했어.

류가 정해지기 때문이야. 이 사실을 제일 처음 알아낸 사람이 영국의 월리스라는 박물학자란다.*6 너도 잘 아는 다윈에게 진화론을 발표하라고 추천한 사람으로도 유명해.

월리스는 그걸 어떻게 알았어요?

기린도 코끼리도 '희귀한 동물'이었다니.

19세기 중반에 말레이제도를 탐험하면서 발견했어. 전 세계에 이토록 다양한 동물이 있음을 알게 된 시기가 대항해 시대*7 이후란다. 유럽인들은 아프리카 대륙이나 아시아를 항해하면서 희귀한 동식물을 본국으로 가지고 돌아왔지. 그때부터 본격적으로 동물을 연구하는 학문도 발전했어.

월리스는 동물 연구가 진행된 19세기 중반에 말레이제도를 탐험했어. 섬에 사는 동물을 신중하게 관찰하다가 섬에 따라 전혀 다른 생물이 산다는 것을 알아냈지. **'동물에게는 이 너머로 이동하지 못하는 절대적인 경계선이 있**

---

*6 앨프리드 러셀 월리스(1823~1913). 영국의 박물학자로, 다윈과 같은 시기에 진화론을 생각해 냈다. 다윈에게 진화론을 발표하라고 추천한 인물로도 잘 알려졌다.

*7 15~17세기 전반에 걸쳐 유럽의 각 나라는 경쟁하듯 큰 배를 타고 세계로 항해 신대륙이나 항로를 발견했다. 미지의 세계에 있는 동물, 식물, 공예품 등이 유럽으로 모여든 모험과 발견의 시대다.

다!' 이 사실을 깨달은 월리스는 발리와 롬복이라는 두 섬 사이에 선을 그었어.*8

 발리섬과 롬복섬은 멀어요?

 아니. 겨우 24km 거리야. 그 발견을 시작으로 월리스는 세계지도와 동물을 비교했고, 마침내 지도에 동물 경계선을 그었어. 여기에서 힌트를 얻어 훗날 만들어진 것이 동물세계지도인 '동물지리구'야.

---

*8 월리스의 주장이 논의를 불러일으킨 결과, 동남아시아계의 동물은 동쪽으로 갈수록 줄어들고 오스트레일리아계의 동물은 늘어난다는 사실을 알게 되었다. 동물 분포에는 서서히 변화하는 지역인 '이행대'가 있다. 이 이행대를 '월리시아'라고 부른다.

동물세계지도

동물지리구

히말라야 이행대
구북구와 동양구 사이. 반달가 슴곰이나 호랑이 등은 이곳을 지나다니며 양쪽 구에 산다.

베링해협
베링지아(베링육교)가 있었던 곳으로, 해수면이 낮아졌을 때는 대평원으로 연결되었다.

구북구
유라시아 대륙

신북구
북아메리카 대륙

카리브해제도

아프리카열대구
(에티오피아구)
아프리카 대륙

동양구
동남아시아 일대

뉴기니

남태평양제도

신열대구
남아메리카 대륙

마다가스카르섬

오스트레일리아구
오스트레일리아 대륙

뉴질랜드

사하라 이행대
구북구와 아프리카열대구 사이. 대부분 사막 지대로, 페넥여우나 뛰는쥐 정도만 산다.

월리시아
동양구와 오스트레일리아구 사이. 북에서 온 멧돼지, 남에서 온 쿠스쿠스 등 양쪽 구의 동물이 산다.

중앙아메리카 이행대
신북구와 신열대구 사이. 북에서 온 퓨마, 남에서 온 아르마딜로 등이 뒤섞였다.

* 최근 연구에서는 이행대를 독립한 '구'로 보고 새로운 이름을 붙이기도 했다.

- 오스트레일리아구(오스트레일리아와 뉴질랜드)
- 대양구(뉴기니와 남태평양제도) ● 파나마구(중미·카리브해제도)
- 마다가스카르구 ● 사하라·아라비아구(사하라 사막부터 아라비아반도, 남서아시아)
- 시노·일본구(중국, 일본의 혼슈·시코쿠·규슈) ● 남극구

151

아프리카에는 공이 왜 없지?

 원래 지구에는 '판게아'라는 하나의 커다란 대륙이 있었어. *9 그게 3억 년 넘는 세월을 지나 지금 세계처럼 나뉘었지. 대륙은 지구 안에 있는 마그마라는 뜨겁고 걸쭉한 액체 위에 떠서 천천히 흐르고 있단다. 지금 대륙은 약 3억 년에 걸쳐 판게아가 조금씩 갈라져서 생긴 것으로 봐. 지도를 잘 보렴. 아프리카와 남아메리카가 퍼즐 조각처럼 딱 맞지?

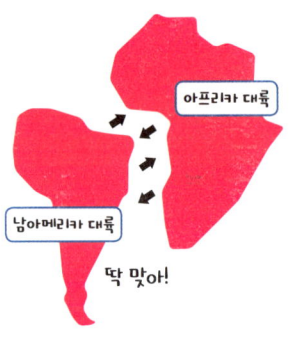

딱 맞아!

---

*9 1915년, 독일 지구물리학자 베게너가 처음 주장한 이론이다. 약 3억 년 전, 현재 대륙이 하나의 거대한 덩어리 '판게아'로 존재했다는 주장이다.

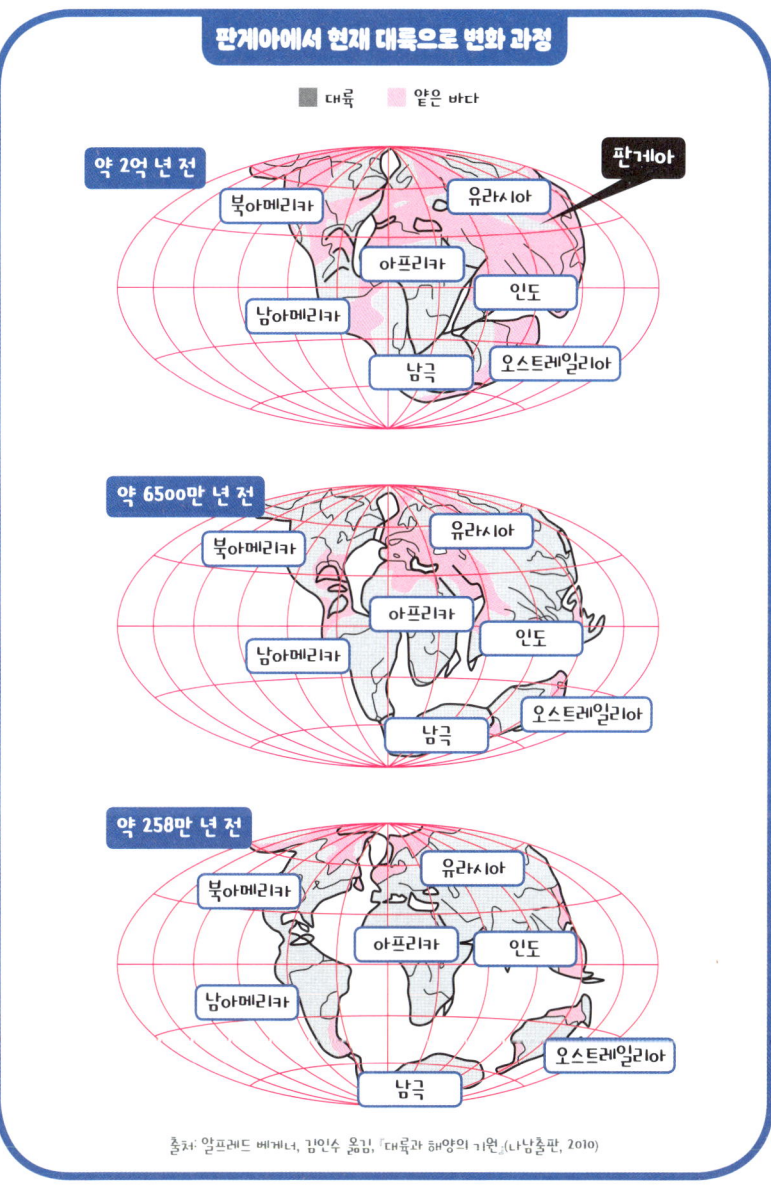

와! 정말 딱 맞아요!

모든 대륙이 떨어졌다 붙었다 하면서 지금 위치에 정착했어. 육지가 이어지면 동물이 오가고 육지가 떨어지면 동물은 그곳에 남지.

그 너머로 못 가요?

바다, 사막, 높은 산이 있으면 그 너머로 가긴 어렵단다. 곰이 아프리카에 가지 못한 것은 유라시아 대륙의 숲과 아프리카 대륙의 숲 사이에 바다나 사막이 있기 때문이야. 물론 무심코 나무나 지각 이동 중인 섬을 타고 건너온 동물도 있겠지만.

동물이 사는 곳은 어떻게 정해져요?

대륙의 움직임은 물론이고 도착한 토지의 환경에 적합한가, 그곳에 사는 다른 동물과 경쟁에서 이길 수 있는가가 중요해. 다양한 조건에 따라 동물이 살 범위(분포)가 정해진단다.

'이상'하니까 살아남을 수 있었다

구북구(유라시아 대륙)과 신북구(북아메리카 대륙). 이 두 지역은 아주 비슷하단다. 곰이나 사슴처럼 양쪽에 다 있는 동물이 많지. 빙하기가 올 때마다 베링해협이 낮아져 대륙끼리 연결된 덕분에 동물들이 오갈 수 있었어. 이 육교를

'베링지아'라고 한단다.[*10] 두 대륙 모두 사계절이 있고, 살기 편해. 여름에 비가 내리고 겨울에는 제법 춥지만 몇 달만 지나면 봄이 오지. 물가부터 나무 위까지 식물도 다양하고 풍부해. 그래서 식물을 먹는 동물도 종류가 늘었지.

진짜 살기 좋겠어요.

동물도 똑같이 생각했을 거야. 하지만 좋은 곳을 차지하려면 경쟁이 따르지. 한 곳에 같은 동물이 살진 못하니까. 따뜻하고 살기 좋은 곳은 진화해서 더 강해진 동물이 차지했어. 싸움에서 진 동물은 살기 어려운 곳으로 쫓겨났지. 구북구와 신북구에도 고산이나 이끼만 자란 평원(툰드라), 북극 같은 추운 곳으로 쫓겨나 살아남은 이상한 동물이 있어.

힘들었겠다. 다른 곳에서도 그런 경쟁이 있었어요?

물론이지. 세계 각지에서 경쟁이 있었어. 구북구나 신북구와 대조적인 곳이 열대 지역이야. 아프리카 열대구나 신열대구, 동양구가 그렇지. 비가 많은 곳은 열대우림(숲)이 되고 비가 적은 곳은 열대초원이나 사막이 돼. 열대우림은 항상 따뜻하고 물도 풍부하며 식물 종류도 다양해. 경쟁도 심각하지만 살아남을 기회도 있어서 오래된 종이라도 조용히 살 수 있지. 열대우림에 신기한 동물이 많고 여전히 새로운 종이 발견되는

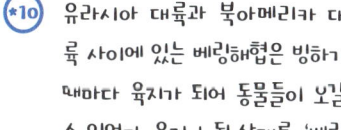

[*10] 유라시아 대륙과 북아메리카 대륙 사이에 있는 베링해협은 빙하기 때마다 육지가 되어 동물들이 오길 수 있었다. 육지가 된 상태를 '베링지아' '베링육교'라고 한다.

이유란다. 한편 열대초원이나 사막은 살기 어려워. 건조해서 물을 마시기도 힘들지. 식물도 적어. 혹독한 곳이니 이곳에서 살아남는 동물도 역시 독특해. **열대에 사는 동물은 극단적인 환경에서 살아남은 드문 고유종(그곳에만 있는 종)이 많아.**

그럼 오스트레일리아구는요?

오스트레일리아구는 모든 것이 뒤섞인 특수한 곳이야. 북쪽으로 가면 열대야. 숲도 초원도 사막도 있어. 남쪽으로 가면 바로 앞이 남극이고. **오스트레일리아의 섬들은 아주 옛날에는 남극 대륙을 통해 남아메리카와 연결되었어.**[*11] 하지만 포유류가 출현하고

얼마 지나지 않아 다른 대륙과 분리되었지. 그래서 오래된 포유류인 배에 아기 주머니가 있는 동물이 그 지역을 차지했어.

코알라나 캥거루요?

그래. 유대류끼리도 더 좋은 곳을 찾아 생존을 건 경쟁이 벌어졌지. 오스트레일리아에는 주머니늑대, 주머니고양이, 주머니날다람쥐 등 이름에 '주머니'가 붙는 동물이 많아. 이것도 경쟁의 결과야. 한 곳에 똑같은 동물이 살 수 없어. 비슷한 동족일수록 경쟁이 격렬해지거든. 그 지역에서 쫓겨난 동물은 새로운 곳을 찾지. **새로운 곳에 간 동물은 경쟁 상대가 없으면 원래 모습이나 생활방식으로**

 오스트레일리아 대륙과 남아메리카 대륙, 남극 대륙은 원래 하나로 연결된 대륙이었다(153쪽 참조).

살아도 괜찮아. 하지만 생활방식을 바꿔야 하는 동물은 모습까지 바꿔야 해. 오스트레일리아의 동물도 경쟁한 결과, 늑대나 고양이 같은 모습이 된 동물도 생기고 날다람쥐 같은 모습이 된 동물도 생긴 거야. 경우의 수가 다양해서 아주 복잡해. 세계 어느 곳에서나 이런 현상이 있었지.

살아남았어.

'이상함'은 대단하네요!

그래, '이상함'은 대단하단다! 수많은 '이상함'이 지구를 풍부하게 만들어 줬으니까.

이상한 동물도 그렇게 나타난 거예요?

그래. 모두가 '저건 좀 이상한데?'라고 생각하는 동물은, 우리가 상상하는 '포유류'라는 이미지에서 벗어나는 동물이야. 하지만 '이상한' 덕분에 동물은 자신이 살 곳을 찾고 새끼를 남기며 지금까지

마치는 말

웃음이 나오는 '이상함'부터 기능이 뛰어난
'이상함'까지, 이 세상에는 참 다양한 '이상함'이 있죠?
이 책에서 소개한 101종은 모두 귀중한 동물입니다.
오랜 옛날에도 살았고 지금도 간신히 살아남아
'살아 있는 화석'이라고 불리는 동물,
그중에서도 먼 조상과 지금 살아 있는 동물을 연결하는
'잃어버린 고리(미싱링크)'로서 귀중하고 희귀한 동물이 많죠.
이 동물들은 세계의 대륙이 어떻게 만들어졌고
지구의 역사와 진화가 어떠했는지
말해 주는 산 증인이기도 합니다.
그 귀중한 동물들의 수가 줄어들어 멸종 직전이에요.
멸종의 주원인 중 하나는 가장 이상한 포유류인 우리 인간입니다.

인간은 얼마 전까지만 해도 정해진 곳에만 살았어요.
그런데 도구를 써서 숲을 개척하고 환경을 바꿔 서식지를 넓혔죠.
지금은 가장 이상한 동물이 지구를 정복했어요.
환경 파괴, 외래 생물 이입, 병원균 확산, 밀렵……
인간 때문에 야생 동물이 위기에 놓였습니다.
앞으로 '동물지리구'도 사라질지 모릅니다.
개성적으로 살던 동물들의 세계지도는 옛날이야기가 될지도 몰라요.
이상한 동물이 사라지면 지구의 역사와
진화의 역사를 알아내기 어려워집니다.
인간에게도 혹독한 지구가 될 겁니다.
이상한 동물이 이상한 모습 그대로,
지금 사는 곳을 잃지 않고 살아가게 하려면 어떻게 해야 할까요?
이상한 동물 중 가장 이상한 우리 인간이
고민해야 할 문제입니다.

이마이즈미 다다아키

추천하는 말

지구상에 포유동물이 출현한 이후 동물은 끊임없이 진화했어요. 적절한 진화를 통해 환경을 이겨 낸 동물은 '살아 있는 화석' 동물이 되었죠. 그렇지 못한 동물은 멸종되어 지구상에서 사라지는 과정을 반복해 왔어요. 안경원숭이, 페넥여우, 두발가락나무늘보, 벌거숭이뻐드렁니쥐 등 이름도 생소한 동물들이 오늘날 지구 곳곳의 서식지에서 살아남을 수 있었던 이유는 서식지 특성에 맞게 겉모습을 진화시키거나 다른 동물들과의 경쟁에서 이기기 위해 독특한 생활방식을 가지고 그들만의 생존 습성을 적응시켰기 때문이지요.

이 책은 오늘날 전 세계 곳곳의 서식지에서 살아가는 5400여 종에 이르는 포유동물 중에서도 독특한 생활 습성이나 모습을 가진 101종의 대표적인 동물을 소개하고 있어요. 영국의 박물학자이자 진화론

자인 앨프리드 러셀 월리스가 제안했던 생물 분포상의 가상 경계선인 '월리스선'으로 나눈 '동물지리구'로 동물세계지도를 그리고, 각각의 지리구에서 독특한 대표 동물을 예로 들어 이야기하고 있지요. 이뿐만 아니라 어떤 이상한 모습과 이상한 행동, 이상한 습성으로 오늘날까지 살아오고 있는지 각각의 특징을 발견 당시 역사적인 사실들과 함께 알려 줘요.

지금 이 순간에도 지구상의 많은 동물은 서식지에 적응하기 위해 끊임없이, 그리고 서서히 이상한 변화인 '진화'를 겪으며 살고 있어요. 그런 수많은 '이상함'이 동물들에게 다양성을 갖게 만들었지요. 그렇다면 앞으로 지구는, 동물은, 우리 인간은 어떻게 변화할까요? 이 책이 그 질문의 답을 찾아 나아가는 첫 발걸음이 되기를 바랍니다.

황보연(동물행동학 박사)

색인

❤ 이 책에 등장한 동물들 ❤

ㄱ

가시두더지 · 124
가지뿔영양 · 50
갠지스강돌고래 · 85
귀신고래 · 143
금빛원숭이 · 31
금빛허리코끼리땃쥐 · 72
긴귀반디쿠트 · 126
꼬마뒤쥐 · 98
꿀주머니쥐 · 131

ㄴ

나무타기하이랙스 · 74
날원숭이 · 89
남방코끼리물범 · 144
너구리 · 99
눈표범 · 32
느림보곰 · 84

ㄷ

대머리우아카리 · 112
대왕판다 · 30
덤불개 · 114

두건물범 · 136
두발가락나무늘보 · 109
듀공 · 142
딩고 · 129
땅늑대 · 70
땅돼지 · 61

ㄹ

라텔 · 81
리카온 · 69

ㅁ

마눌들고양이 · 36
맨드릴 · 64
모니또 델 몬또 · 121
모래고양이 · 60

ㅂ

바다코끼리 · 137
바비루사 · 95
바이칼물범 · 39
버지니아주머니쥐 · 54
벌거숭이뻐드렁니쥐 · 73
베이샼캥이 · 93
벨루가 · 140
별코두더지 · 49
보브캣 · 52
봉고 · 65

162

북극곰 • 41
붉은늑대 • 53
붓꼬리나무두더지 • 90
비버 • 48
비쿠냐 • 107
빈투롱 • 88

안데스여우 • 116
얼룩무늬물범 • 145
오리너구리 • 128
오카피 • 67
울버린 • 40
이리오모테살쾡이 • 101
인드리원숭이 • 79
일각돌고래 • 139

ㅅ

사올라 • 86
사이가산양 • 37
사향소 • 44
산악맥 • 105
산비버 • 46
세띠아르마딜로 • 108
세발가락나무늘보 • 110
솔레노돈 • 120
수달 • 38
수마트라코뿔소 • 87
숲멧돼지 • 63
쌍봉낙타 • 34

ㅈ

자바애기사슴 • 91
작은이집트뛰는쥐 • 59
점박이하이에나 • 71
조릴라 • 76
줄무늬텐렉 • 78

ㅊ

차코페커리 • 118
천산갑 • 68
친칠라 • 106

ㅇ

아마미검은멧토끼 • 100
아마존매너티 • 119
아시아당나귀 • 35
아이아이 • 80
안경곰 • 104
안경원숭이 • 94

ㅋ

카메룬비늘꼬리청서 • 66
개나다산미치광이 • 47
코알라 • 127
코주부원숭이 • 92
쿼카 • 132

큰개미핥기 · 115
큰바다사자 · 138
킨카주너구리 · 111

ㅌ

태즈메이니아데빌 · 133
티베트영양 · 33

ㅍ

페넥여우 · 58
포사 · 77
푸른눈반점쿠스쿠스 · 125
프레리도그 · 51
피그미하마 · 62

ㅎ

하와이몽크물범 · 141
황금두더지 · 75
흡혈박쥐 · 117
흰띠쥐캥거루 · 130
흰바위산양 · 45
흰얼굴사키원숭이 · 113

 한국어판 부록

가로세로 척척동물퍼즐

나… 나를 기억하고 있겠지?

기억에 남는 동물들이 얼마나 있는지
가로세로 척척동물퍼즐로 한번 테스트해 볼까요?

가로세로 척척동물퍼즐

가로

1. 고기보다 대나무를 더 좋아하는 동물.
4. 바다에서 고개를 높이 내밀었다 잠수하는 '스파이 호핑'이 특기인 동물.
5. 이 동물의 젖은 몸을 만지면 손이 주황색으로 물든다.
6. 수습 향신료 상인 소녀라가 붙잡은 '손가락이 기묘한 원숭이'.
8. '멋있지 않은 퓨마'처럼 생긴 동물.
9. 보온 가습기 역할을 하는 커다란 코가 특징인 동물. '왕코산양'이라고도 불린다.
12. 오스트레일리아에 살며, 20시간 가까이 자면서 에너지를 절약하는 동물.
13. 더운 사반나에서도 끄떡없는 갯과 동물. '헌팅독'이라고도 불린다.
15. '작은 스라소니'같이 생긴 고양잇과 동물.

세로

1. 술 취한 아저씨처럼 생겼다. 화가 나면 얼굴에 피가 몰려 빨개지는 원숭잇과 동물.
2. 요들송을 부르듯 멋지게 우는 갯과 동물. 오스트레일리아에 산다.
3. 사막에서 사는 고양잇과 동물. 먹이에서 얻는 수분만으로 살아간다.
7. 보르네오섬에만 사는 살쾡이. 살쾡이 진화의 열쇠를 쥔 아주 중요한 종이다.
9. 갈라진 뺨에서 냄새를 내뿜는 '신비로운 숲의 소녀'.
10. 앞발의 갈고리발톱 2개가 특징인 나무늘보.
11. 똥을 싸서 산에 꽃을 피우는 맥과 동물.
14. '의리'로 동료를 지키는 페커리과 동물. 배꼽이 등에 있다.

정답은 다음 페이지에!

정답을 확인해 볼까요?

대	왕	판	다		딩	모	
머			귀	신	고	래	
리					봉	고	
우			베			양	
아	이	아	이			이	
카			살	두			
리			쾡	발			
	포	사	이	가	산	양	
차		올		락	악		
코	알	라		나	맥		
페				무			
커				늘			
리	카	온		보	브	캣	